ALI BABA ET AUTRES HISTOIRES

Couverture (crédits photographiques) :

Collection Christophe L. / Fernandel dans le film de Jacques Becker : *Ali Baba et les quarante voleurs*, 1954 / DR

ALI BABA ET AUTRES HISTOIRES

Adaptation de Rémi Simon
Illustrations de Christine Vinet-Loussot

ROUGE & OR

Il est raconté (mais Allah est le plus savant) qu'il était une fois, d'entre les jours des jours d'autrefois, deux frères qui vivaient dans une ville d'entre les villes de la Perse. Et ces deux frères s'appelaient, l'un Kassim et l'autre Ali Baba.

Lorsque leur père, qui était un pauvre homme du peuple, mourut dans la miséricorde de Dieu, les deux frères, Kassim et Ali Baba, se partagèrent son héritage, c'est-à-dire fort peu de chose. Si peu, même, qu'ils eurent bientôt tout dépensé et n'eurent plus rien à manger. Ils se regardèrent alors avec un nez qui s'allongeait de plus en plus.

Kassim, l'aîné, se ressaisit le premier et se mit en quête d'une situation qui lui permettrait de vivre à l'aise. Il eut l'idée de s'adresser à une marieuse, c'est-à-dire une vieille femme qui se charge de trouver des maris pour les femmes seules et des femmes pour les hommes célibataires. Il lui promit une bonne récompense; comme il était joli garçon et robuste, la marieuse n'eut pas de mal à lui présenter une veuve jeune et riche. Ainsi, il eut une maison, une épouse agréable, enfin une belle boutique aux marchandises abondantes, située en plein centre du souk des marchands.

Et voilà pour lui.

Mais pour son frère Ali Baba, les choses en allèrent différemment. Ali Baba avait en effet des goûts modestes; bien que fort intelligent, il n'était guère ambitieux et, pour ne pas mourir de faim, il se fit bûcheron: il allait tous les jours en forêt, coupait du bois et vendait ses fagots en ville. À ce dur métier, il ne gagnait pas beaucoup, mais, à force de travail, il parvint à mettre un peu d'argent de côté. Avec ses économies, il acheta un vieil âne dont son propriétaire ne voulait plus. Cet animal lui permit de rapporter davantage de fagots, et donc de gagner un peu plus d'argent. Il acheta un deuxième âne, puis un troisième. Et quand il se rendait en forêt, Ali Baba ne portait plus le bois sur son dos, mais en chargeait ses bêtes. Cette conduite pleine de sagesse lui valut l'admiration et la confiance de la corporation des bûcherons, au point que l'un d'eux voulut lui donner sa fille en mariage.

Ali Baba épousa la jeune fille. Sur le contrat de

mariage, rédigé par-devant le cadi et les témoins, il fit inscrire ses trois ânes comme «fortune personnelle» et comme dot pour son épouse. Car celle-ci, contre l'usage, n'apportait rien dans le ménage, étant la fille d'un bûcheron aussi pauvre qu'Ali Baba. Mais cela n'entama pas du tout la bonne humeur du jeune homme; son épouse lui donna bientôt plusieurs enfants superbes qui faisaient un joyeux tintamarre dans la maison. Ali Baba vécut ainsi simplement et honnêtement, vendant ses bûches et ses fagots et remerciant Dieu pour ce bonheur tranquille.

Or, un jour d'entre les jours, alors qu'Ali Baba était occupé à lier des fagots dans une clairière éloignée, son destin, qu'il croyait tout tracé, changea brusquement de cours.

Un grondement sourd se fit entendre dans le lointain. Inquiet, Ali Baba releva la tête et tendit l'oreille. Comme le bruit se rapprochait, il comprit que c'était le piétinement d'une troupe de cavaliers galopant dans sa direction. Ali Baba était un homme paisible qui détestait les aventures; peu rassuré de se trouver seul dans la forêt, il laissa ses trois ânes qui broutaient paisiblement et alla se jucher dans un arbre pour observer les événements. Ce qu'il vit alors lui coupa toute envie de redescendre, et il se fit petit sur sa branche : les cavaliers, qui arrivaient au grand galop, avaient des visages farouches, leurs barbes étaient noires, leurs yeux brillaient comme du cuivre, et leurs armes cliquetaient ! Ali Baba pensa qu'il devait s'agir de brigands de la plus épouvantable espèce, et en cela il avait vu juste.

Et voilà que ces bandits de grand chemin s'arrêtaient justement au pied de l'arbre où se cachait Ali Baba; ils mirent pied à terre, attachèrent leurs chevaux et leur passèrent au cou un sac d'avoine. Après quoi, sur un signe de leur chef, un géant terrible, les voleurs délièrent les grosses besaces attachées à leur selle et les chargèrent sur leurs épaules. Et comme ces sacs étaient très lourds, les voleurs marchaient tout courbés. Ils défilèrent un à un aux pieds d'Ali Baba qui les compta : ils étaient exactement quarante, pas un de plus, pas un de moins.

Ainsi chargés, les brigands s'approchèrent d'un grand rocher au pied d'une colline. Leur chef posa son sac, puis se redressa de toute sa taille. Alors, d'une voix formidable, il cria :

— Sésame, ouvre-toi !

Ali Baba se demandait ce que le sésame — cette petite graine dont on tire de l'huile ou que l'on met sur des petits pains — venait faire là, quand, à sa grande stupéfaction, il vit le roc s'ouvrir par le milieu, laissant apparaître une vaste ouverture ! Là-dessus, le chef des voleurs fit signe à ses hommes, qui passèrent devant lui; quand ils furent tous entrés, il reprit son sac, pénétra à son tour dans la caverne et cria :

— Sésame, ferme-toi !

Le rocher se referma aussitôt, sans un bruit. Et grâce à cette formule magique, il redevint entièrement lisse : jamais on n'aurait pu soupçonner qu'il y avait là une porte.

En haut de son arbre, Ali Baba, éberlué par ce prodige, se dit : « Pourvu que cette magie ne leur fasse pas découvrir ma cachette et, comme on dit, rentrer ma longueur dans ma largeur ! »

Il se garda bien de faire le moindre mouvement, malgré l'inquiétude qui le rongeait au sujet de ses trois ânes; les bêtes, qui devaient s'ébattre non loin, pouvaient éveiller la méfiance des voleurs.

Longtemps, Ali Baba observa le roc silencieux. Enfin, il entendit un grondement et, d'un seul coup, les parois s'ouvrirent. Les quarante voleurs sortirent à la file, le chef en tête; ils tenaient tous leurs besaces, qui étaient maintenant flasques et vides. Le géant se tourna vers la caverne et s'écria d'une voix forte :

— Sésame, ferme-toi !

Le rocher se referma en glissant et ce fut comme s'il n'avait jamais été ouvert. Les quarante voleurs sautèrent sur leurs chevaux et s'éloignèrent au galop.

Et voilà pour eux.

Ali Baba, quant à lui, était un garçon prudent; il ne quitta pas son arbre, se disant : « Et si les voleurs avaient oublié quelque chose ? Ils pourraient revenir le chercher et, me trouvant là, couper la tête au fils de mon père ! »

Aussi resta-t-il un bon moment sur son perchoir. Quand il fut assuré que tout était calme et que les cavaliers étaient partis pour de bon, il se hasarda à descendre, en scrutant les alentours. Lorsqu'il fut à terre, il ne résista pas au désir de s'approcher du rocher, mais sur la pointe des pieds et en retenant sa respiration. Il se disait bien qu'il aurait dû s'occuper de ses ânes — toute sa fortune ! — mais la curiosité fut la plus forte. D'ailleurs, son destin n'était-il pas qu'il aille voir le rocher ?

Or, arrivé devant la paroi, il eut beau l'examiner en tous sens, il n'y vit pas la moindre trace d'ouverture. «C'est pourtant bien par là que j'ai vu disparaître les quarante voleurs ! se disait-il, et de mes propres yeux ! Par Allah, qu'allaient-ils faire dans cette caverne protégée par des mots tout-puissants ?»

Puis, ayant réfléchi, il s'écria : «Mais, au fait, j'ai retenu la formule que prononçait le chef des voleurs ! Si je l'essayais à mon tour ? Dans ma bouche, elle aura peut-être la même vertu que dans celle du géant ?»

Alors, plein d'ardeur, Ali Baba se planta devant le rocher et lança d'une voix un peu tremblante :

— Sésame, ouvre-toi !

Le rocher s'ouvrit ! Ali Baba, à cette vue, aurait volontiers tourné les talons et pris la fuite, si la peur et la curiosité mélangées ne lui avaient ôté toute faculté de se mouvoir. Mais, croyant être assailli par l'horreur des ténèbres, il vit devant lui une galerie donnant dans une vaste salle voûtée creusée dans la montagne, bien éclairée par de larges ouvertures percées dans le haut. Presque rassuré, il s'écria «Au nom d'Allah le miséricordieux!» pour se donner du courage et pénétra dans la grotte. Mais, au bout de quelques pas, comme il restait immobile, le rocher se referma derrière lui, l'emprisonnant dans la galerie!

Tout d'abord épouvanté, il se rappela qu'il connaissait la formule magique : elle devait agir aussi de l'intérieur. La curiosité chassa la peur, et Ali Baba regarda autour de lui.

Le long des murs de la salle, et montant jusqu'à la voûte, il vit un formidable amoncellement de marchandises, des ballots de soieries, de damas et de brocarts, des sacs contenant toutes sortes de provisions, et surtout, surtout, de grands, d'énormes, de gigantesques coffres de bois remplis à ras bord de dinars d'or et d'argent, d'autres pleins de lingots d'or, et d'autres regorgeant de lingots d'argent! Et comme si tous ces coffres et tous ces sacs ne suffisaient pas, le sol de la caverne était encore couvert d'or, de bijoux, de perles et de pierres précieuses. On ne pouvait pas faire un pas sans renverser une pile de dinars luisant dans la pénombre ou trébucher sur un collier étincelant.

Et Ali Baba qui, de toute sa vie, n'avait jamais vu d'or et n'en connaissait même pas la couleur, tomba en admiration. Devant cette incroyable fortune et tous ces joyaux dont le plus petit aurait contenté un roi, il se dit qu'il ne devait pas y avoir des années, mais bien des siècles que les voleurs entassaient là leur butin, et ce devait être des fils de voleurs eux-mêmes descendants des pillards de Babylone!

Quand il fut un peu revenu de son émerveillement, il se dit : «Par Allah, Ali Baba! Maintenant la chance te sourit; toi qui n'avais que des ânes et des fagots, te voici dans un véritable bain d'or digne du roi Soliman! Et te voici, toi le bûcheron, toi le fils de pauvre, en train d'apprendre des formules magiques pour ouvrir des rocs enchantés! Assurément, c'est une bénédiction de Dieu qui veut que tu sois désormais à l'abri du besoin, toi et ta famille, en faisant bon usage du fruit du vol et du pillage!»

Ayant mis sa conscience en repos par ces paroles, Ali Baba se baissa, ramassa un sac plein de provisions, le vida et se mit à le remplir de dinars et d'autres pièces d'or, négligeant les pièces d'argent et les autres objets précieux. Il chargea le sac sur ses épaules et alla le porter tout au bout du couloir, près de la porte de pierre. Puis il revint et remplit un autre sac, puis un troisième, et ainsi de suite, autant que ses trois ânes pourraient en porter. Alors il se tourna vers le rocher et, d'une voix un peu inquiète, s'écria:

— Sésame, ouvre-toi!

À l'instant même, les deux battants de granit s'ouvrirent tout grands; Ali Baba se hâta de sortir et alla chercher ses ânes qui broutaient à quelques pas.

Il plaça les sacs d'or sur leur dos, en prenant bien soin de dissimuler cette charge inhabituelle sous des branchages. Quand ce fut fait, il prononça la formule magique : le rocher glissa silencieusement, et l'on y aurait en vain cherché la moindre fente.

Ali Baba reprit le chemin de la ville avec ses trois ânes lourdement chargés. Il les conduisait avec respect et les encourageait gentiment au lieu de les accabler d'injures et de malédictions comme font généralement les âniers, car les bêtes portaient peut-être plus d'or à elles trois qu'il n'y en avait dans le trésor du calife !

En arrivant chez lui, Ali Baba trouva la porte fermée avec le gros loquet de bois. « Il faut que j'appelle ma femme par la fenêtre ! » se dit-il. Puis il réfléchit : « Et si j'essayais la formule ? Peut-être ouvre-t-elle toutes les portes ? »

Il dit alors à mi-voix :

— Sésame, ouvre-toi !

Aussitôt, le gros loquet se dégagea tout seul et la porte s'ouvrit toute grande ! Ali Baba, sans annoncer autrement son arrivée, pénétra dans la petite cour avec ses trois ânes. Là, se tournant vers la porte restée ouverte, il lança :

— Sésame, ferme-toi !

La porte, tournant toute seule, se referma et le loquet se remit en place ! Cette fois, Ali Baba fut définitivement convaincu de détenir un secret d'entre les secrets, ce qui ne lui avait coûté qu'un petit moment de frousse passé dans un arbre.

Quand l'épouse d'Ali Baba vit que son mari était dans la cour avec ses ânes, elle accourut, toute surprise, en disant :

— Ali Baba ! Comment as-tu fait pour entrer, alors que la porte était fermée de l'intérieur ? Et qu'apportes-tu dans ces sacs que je n'ai jamais vus ? Et pourquoi n'as-tu pas de fagots ?

Ali Baba, sans se préoccuper de ce flot de questions, répondit simplement :

— Ces sacs nous viennent d'Allah, femme ! Et maintenant, aide-moi à les porter dans la maison sans te soucier des portes ou des verrous !

La femme d'Ali Baba réfréna donc sa curiosité et aida son mari à transporter les sacs, non sans s'étonner de leur poids extraordinaire. En les tâtant, elle supposa qu'il s'agissait de vieilles pièces de cuivre que son mari avait trouvées et qu'il voulait vendre à un chaudronnier.

Mais une autre pensée l'inquiéta : elle imagina que son mari était devenu voleur, ou qu'il faisait partie d'une bande de brigands, ce qui aurait expliqué ces innombrables sacs de monnaie. Alors elle se mit à pleurer et à gémir :

— Au secours ! Catastrophe ! Infamie ! Oh ! Nos pauvres enfants !

Ce qui mit en colère Ali Baba qui lui lança :

— Eh! As-tu fini de nous corner aux oreilles? T'imagines-tu que j'ai volé ces sacs?

— Exactement! répondit la femme en sanglotant, je t'en supplie, mon mari, rapporte-les là où tu les as pris! Je ne pourrai pas dormir tant qu'ils seront à la maison!

— Qu'Allah punisse les sots et les sottes! s'écria Ali Baba en haussant les épaules. Puisque je te dis que ces sacs nous viennent de Dieu!

Et il raconta toute l'histoire, qu'il est inutile de répéter ici. Sa femme écoutait bouche bée. Puis, Ali Baba prit les sacs l'un après l'autre par un coin et les renversa sur le sol de la pauvre maison, qui brilla, étincela de milliers de dinars d'or; alors sa femme battit des mains, s'esclaffa et remercia Allah. Sans perdre un instant, elle s'accroupit devant le tas d'or, commença à compter les dinars et à les empiler. Ali Baba se mit à rire et lui dit gentiment:

— Que fais-tu là, ma pauvre amie? Comment peux-tu songer à compter un si grand tas d'or? Viens plutôt m'aider à creuser un trou dans la cuisine pour tout enterrer au plus vite, ou nous risquons fort d'attirer l'attention des voisins cupides et de la police!

Mais l'épouse d'Ali Baba, qui était une femme d'ordre et qui voulait absolument savoir quelle quantité d'or elle possédait, lui répondit:

— Tu as raison, mais nous n'allons quand même

pas cacher ce trésor sans du tout l'évaluer ! Imagine qu'on nous en dérobe une partie, nous ne le saurions même pas ! Laisse-moi emprunter à nos voisins une mesure de bois pour le grain. Je mesurerai l'or pendant que tu creuseras le trou, et ainsi nous pourrons dépenser à bon escient le nécessaire et le superflu pour nous et nos enfants !

Ali Baba, bien que cette précaution lui parût inutile, ne voulut pas contrarier sa femme en ce jour de joie et lui dit :

— Eh bien, soit ! Va chercher une mesure, mais fais vite et prends bien garde de ne rien révéler à qui que ce soit !

La femme sortit en courant. Elle pensa que le plus simple était d'aller demander la mesure à l'épouse de Kassim, le frère d'Ali Baba, qui demeurait non loin de là dans une belle maison.

La femme de Kassim était une dédaigneuse qui n'invitait jamais le pauvre Ali Baba ni sa famille; c'est à peine si elle les saluait dans la rue. Elle n'avait jamais offert la moindre sucrerie aux enfants d'Ali Baba, ni même une simple poignée de pois chiches, qui est le cadeau des pauvres gens aux enfants des pauvres gens.

Après les salutations, la femme d'Ali Baba demanda à sa belle-sœur de consentir à lui prêter une mesure de bois. L'épouse de Kassim fut très étonnée. Sachant qu'Ali Baba et sa femme étaient pauvres, elle ne comprenait pas à quoi pouvait leur servir cet ustensile, que l'on emploie pour mesurer de grandes quantités de grain à la fois. En toute autre occasion, elle aurait refusé une demande aussi simple à une belle-sœur qu'elle méprisait, mais, cette fois, la curiosité s'alluma dans son cœur et elle répondit d'assez bonne grâce :

— Volontiers ! Et qu'Allah fasse couler ses prospérités sur vos têtes ! Mais, dis-moi, comment la veux-tu, cette mesure ? Grande ou petite ?

— Disons une mesure pas trop grande ! répondit la femme d'Ali Baba.

Et la femme de Kassim s'en alla chercher une mesure pas trop grande. Mais, rusée, elle en enduisit le dessous avec une couche de suif, pour savoir quelle sorte de grain ses misérables parents avaient à mesurer. Elle prêta l'ustensile ainsi préparé, et la femme d'Ali Baba la remercia avant de s'en retourner en hâte.

Arrivée chez elle, elle posa la mesure au milieu du tas d'or et se mit à l'emplir en puisant à deux mains les dinars; elle renversait le boisseau un peu plus loin et marquait chaque mesure d'un trait de charbon sur le mur.

Elle avait à peine achevé son travail qu'Ali Baba vint la prévenir que le trou était prêt. Sa femme lui montra avec orgueil le grand nombre de traits de charbon sur le mur, puis le laissa enfouir le trésor, tandis qu'elle-même allait rendre la mesure à l'épouse de Kassim. Or, ce qu'elle ne savait pas, c'est que la ruse de sa belle-sœur avait réussi et qu'un dinar était resté collé sur le fond de la mesure ! Elle rendit l'ustensile, multiplia les remerciements et s'en fut chez elle, toute contente.

À peine avait-elle disparu que la perfide belle-sœur retourna la mesure : elle faillit tomber à la renverse en voyant, au lieu de grains de blé, d'orge ou d'avoine, une pièce d'or collée sur le suif ! Elle devint verte de jalousie et s'écria :

— Les misérables ! Depuis quand ces bons à rien ont-ils de l'or à mesurer par boisseaux, comme les autres mesurent les lentilles ?

Elle entra alors dans une colère épouvantable et ne put attendre le retour de son mari Kassim ; à l'instant même, elle envoya sa petite servante le chercher dans sa boutique. Kassim arriva tout essoufflé, et fut accueilli par un torrent de vociférations. Sans lui laisser le temps de placer un mot, sa femme lui mit la pièce d'or sous le nez.

— Qu'est-ce que c'est que cela ? cria-t-elle. Hein ? Qu'est-ce que c'est que cela ?

— Mais, dit Kassim abasourdi, tu le vois bien, c'est un dinar d'or !

— Ah ! c'est un dinar d'or ? Eh bien je ne te le fais pas dire ! Bien sûr que c'est un dinar d'or !

— Oui, et alors ? Je ne comprends pas bien...

— Et ce dinar d'or, ce n'est qu'un reste! Un rebut! Ah, tu te crois riche, pauvre idiot, et tous les jours tu te félicites d'avoir une boutique où l'on se presse alors que ton frère n'a que trois ânes, une hache et une ribambelle d'enfants! Et bien, sache que ce rien du tout, ce fagoteur, ce crève-la-faim ne compte pas son or, comme tu le fais, toi ! Il le mesure, entends-tu ? Il le mesure comme si c'était du grain !

Et dans un orage de paroles et d'exclamations furibondes, elle lui expliqua l'affaire et quelle ruse elle avait employée pour savoir ce qu'Ali Baba et sa femme voulaient mesurer. Et elle ajouta:

— Maintenant, tu vas me faire le plaisir de découvrir d'où vient la fortune de ton frère, cet hypocrite qui joue les pauvres et mesure son or en cachette!

À ce discours, Kassim se dit que sa femme devait avoir raison. Au lieu de se réjouir du bonheur de son frère, il se rembrunit : l'envie lui dévora soudain le cœur et il frémit de jalousie. Sans plus attendre, il courut vers la maison de son frère.

Il trouva Ali Baba la pioche encore à la main et les genoux pleins de terre, ayant à peine fini d'enfouir son or. Kassim l'aborda sans même le saluer ni l'appeler par son nom, ni même l'appeler frère (car il avait totalement oublié cette parenté depuis qu'il s'était marié avec cette femme perfide) et s'écria:

— Ah, c'est ainsi, misérable, que tu fais le fourbe et le finaud avec nous? Tu crois que tu vas pouvoir

continuer à singer la pauvreté et la misère dans ton trou à punaises, alors que tu mesures l'or en secret?

Ces paroles laissèrent Ali Baba tout interdit et fort ennuyé, non pas qu'il fût avare ou cupide, mais parce qu'il connaissait depuis longtemps le manque de cœur et l'avidité de son frère et de son épouse. C'est pourquoi il répondit:

— Par Allah! Je ne sais à quoi tu fais allusion! Explique-toi un peu et je serai franc avec toi, bien que depuis des années tu sembles avoir oublié les liens qui nous unissent et que tu n'aies jamais jeté un regard sur mes enfants!

— Allons, allons, Ali Baba! reprit Kassim d'un ton impatienté, il ne s'agit pas de cela, mais de tes simagrées, car il se trouve que je sais très bien ce que tu me caches!

Alors, sortant de sa ceinture la pièce d'or encore pleine de suif, il ouvrit largement la main et demanda d'un ton sévère:

— Combien de mesures de dinars comme celui-ci as-tu dans ton grenier, misérable? Et où as-tu volé cet or, honte de la famille?

Et en quelques mots, il révéla comment sa femme s'y était prise pour savoir qu'Ali Baba mesurait l'or au boisseau. Comprenant que son secret était découvert, Ali Baba voulut se sortir de cette fâcheuse situation. Sans montrer son inquiétude, il répondit à Kassim avec une bonne humeur feinte:

— Allah est grand et généreux, mon frère! Il nous envoie ses dons avant même qu'on les désire!

Alors il raconta toute l'aventure à son frère, mais sans lui parler de la formule magique.

— Et voilà toute l'histoire! acheva-t-il, et comme nous sommes nés du même père et de la même mère, je considère que tout ce qui m'appartient t'appartient également et je t'offre la moitié de l'or que j'ai rapporté de la caverne, si tu le veux.

Mais le méchant Kassim, dont l'avidité n'avait d'égale que la noirceur d'âme, s'écria:

— Bien entendu que je le veux! Mais je veux aussi savoir comment on entre dans la caverne, au cas où j'aurais envie d'y aller moi-même. Et ne t'avise pas de me tromper, sinon je vais de ce pas te dénoncer au chef de la police comme complice des quarante voleurs!

Aussi le pauvre Ali Baba, songeant au sort de sa famille si jamais il était mis en prison, n'écouta que son bon cœur et révéla à son mauvais frère les trois mots de la formule. Kassim, sans même lui dire merci, partit à l'instant.

Le lendemain, au point du jour, Kassim se dirigea vers la forêt, poussant devant lui une dizaine de mulets chargés de coffres qu'il se proposait de remplir d'or. En cas de succès, il avait l'intention de revenir avec un plus grand nombre de mulets, ou même avec une caravane de chameaux!

Il suivit en tous points les indications de son frère; celui-ci s'était offert à lui servir de guide, mais il l'avait brutalement repoussé.

C'est ainsi qu'il arriva au pied du rocher. Il le reconnut entre tous les rochers à son aspect entièrement lisse et au grand arbre où Ali Baba s'était caché. Il attacha ses mulets, se tourna vers la paroi de granit et, levant les bras, proféra d'une voix autoritaire :

— Sésame, ouvre-toi !

Et le rocher s'ouvrit par le milieu.

Kassim se précipita dans la caverne et, grâce à la formule, les battants de pierre se refermèrent aussitôt derrière lui.

Or, Kassim ne savait pas ce qui l'attendait ! Il fut littéralement ébloui par cet amoncellement de joyaux, de lingots, de pierreries et autres objets précieux. Il voulut se rendre maître à lui tout seul de ce fabuleux trésor.

Puis il se rendit compte qu'il ne lui faudrait pas dix mulets pour tout emporter, ni même une caravane entière de chameaux, mais tous les chameaux de toutes les caravanes depuis l'Iran jusqu'à la Chine.

En attendant mieux, il se contenterait de charger ses dix mulets. Il remplit donc de pièces d'or un grand nombre de sacs, les transporta un à un vers la porte, et, se tournant vers le rocher, s'écria d'un ton allègre :

— Avoine, ouvre-toi !

Car, ébloui, égaré à la vue de l'or, Kassim avait oublié la formule magique! Le rocher ne s'ouvrit pas, et Kassim cessa de rire.

Il s'approcha plus près de la paroi et répéta en fronçant les sourcils:

— Avoine, ouvre-toi! Avoine, ouvre-toi!

Mais le rocher ne bougea pas. Kassim réfléchit. «J'ai dû me tromper, pensa-t-il, ce n'est pas avoine, c'est orge, je m'en souviens à présent!»

Et, à haute voix, il dit en se concentrant:

— Orge, ouvre-toi!

Mais le rocher ne bougea pas.

Alors, Kassim, inquiet, se mit à crier à tort et à travers:

— Blé, ouvre-toi! Seigle, ouvre-toi! Millet, ouvre-toi! Riz, ouvre-toi! Sarrasin, ouvre-toi!

Mais, comme le granit restait immobile, Kassim s'affola et lança au hasard tous les noms de graines et de céréales qui lui passaient par la tête. Rien n'y fit, car, parmi toutes les graines et toutes les céréales, Kassim n'en oublia qu'une, la seule qui ouvrait le rocher, la graine de sésame!

Voilà comment un jour ou l'autre leur propre méchanceté aveugle les méchants et leur enlève tout jugement!

Alors, voyant que la formule s'était à jamais effacée de sa mémoire, Kassim se mit à courir en tous sens dans la caverne, butant sur ses sacs d'or, et cherchant désespérément une issue. Hélas! la porte magique était le seul endroit par où l'on pouvait sortir de la caverne! Et Kassim gémissait et se mordait les doigts d'angoisse.

Mais ce n'est pas tout! Vers midi, les quarante voleurs revinrent au grand galop pour déposer leur dernier butin. Ils virent alors les dix mulets avec leurs grands coffres sur le dos, qui attendaient tranquillement. Aussitôt, sur un signe de leur chef, les voleurs tirèrent leurs sabres; quelques-uns firent le tour du rocher pour couper toute retraite au propriétaire des bêtes. Mais, ne trouvant rien, ils mirent pied à terre; leur chef, levant son sabre d'un air menaçant, se tourna vers le rocher et prononça la formule. Et la porte de pierre glissa.

Du dedans, l'infortuné Kassim avait entendu le galop des chevaux, ainsi que les cris des voleurs. Voyant la porte s'ouvrir enfin, il sut que sa dernière heure était arrivée. Mais comme il tenait à la vie, il se cacha de son mieux derrière un ballot d'étoffes, prêt à s'enfuir à la première occasion. Aussi, ayant reconnu le mot «sésame», il maudissait son exécrable mémoire : voyant la grotte ouverte, il bondit vers la porte. Mais il le fit avec une telle précipitation qu'il alla donner de la tête sur le chef des voleurs. Celui-ci tomba à la renverse; les autres brigands se saisirent de Kassim, qui se démenait en tous sens. Alors les sabres s'abattirent sur lui et, en un instant, le malheureux fut découpé en morceaux, jambes, bras, tête et tronc. Il rendit l'âme avant d'avoir eu le temps d'y réfléchir.

Et voilà pour lui !

Quant aux voleurs, ils commencèrent par essuyer leurs sabres tout ensanglantés avant de pénétrer dans la caverne. La première chose qu'ils virent, ce furent les sacs d'or que le défunt Kassim avait entassés près de la porte. Ils se hâtèrent de les vider, et ne s'aperçurent pas qu'il manquait, dans ce grand tas d'or, ce qu'Ali Baba avait emporté la veille.

Après quoi, les quarante voleurs s'assirent en rond et commencèrent à délibérer de ce qu'il convenait de faire. Mais, ne sachant pas qu'Ali Baba les avait vus du haut de son arbre, ils ne purent comprendre comment un intrus avait pu s'introduire dans leur caverne magique, et décidèrent qu'il était inutile de réfléchir plus longtemps sur une question qui n'avait pas de réponse. Aussi, après avoir déchargé leur nouveau butin et s'être reposés, ils repartirent à cheval pour aller piller quelque caravane, car ces hommes actifs n'aimaient pas les longs discours.

Pendant ce temps, la femme de Kassim n'était pas restée inoccupée. La perfide, qui était cause de la mort de son mari, comptait bien être riche avant le soir et, pour fêter cet événement, elle avait préparé un excellent repas.

Mais quand il fit nuit noire, et qu'il n'y eut pas de Kassim, ni même l'ombre de Kassim, elle commença à s'inquiéter, non parce qu'elle aimait son mari, mais parce qu'elle voulait son or.

Elle se décida enfin à aller trouver son beau-frère Ali Baba, qu'elle avait toujours méprisé jusque-là. Elle entra avec un visage tout retourné et dit :

— Le salut soit sur toi, frère de mon mari ! Les frères se doivent aux frères et les amis aux amis ! (Jamais elle n'avait été si aimable.) Je viens te prier de me tranquilliser au sujet de Kassim qui est allé en forêt, comme tu le sais, et qui n'est pas encore revenu. Va donc voir, s'il te plaît, ce qui a bien pu lui arriver.

Et Ali Baba, qui avait le cœur bon et l'âme compatissante, s'écria :

— Qu'Allah éloigne le malheur de nos têtes, ma sœur ! Ah ! Pourquoi Kassim n'a-t-il pas voulu que je lui serve de guide ? Mais ne nous inquiétons pas outre mesure, sans doute aura-t-il voulu attendre la nuit pour rentrer le plus discrètement possible !

Ainsi, Ali Baba rassura un peu sa belle-sœur et lui fit remarquer qu'il ne servirait à rien de chercher son mari dans l'obscurité. Il l'invita à rester, à partager leur repas et à dormir chez eux, ce que la belle-sœur accepta. Et l'épouse d'Ali Baba la fit coucher dans son propre lit. Le lendemain à l'aube, Ali Baba s'en alla vers la forêt avec ses trois ânes, en recommandant à sa belle-sœur de ne pas pousser de cris et à sa femme de prendre bien soin d'elle.

Cependant, en approchant du rocher, Ali Baba ne

vit pas les mulets de son frère; son inquiétude augmenta en apercevant des taches de sang sur le sol. Alarmé, il se décida à prononcer la formule magique.

Quand il entra dans la caverne et qu'il vit les six quartiers de son frère répandus à terre, il demeura pétrifié d'horreur, et faillit tomber évanoui. Mais les sentiments qu'il portait à sa famille prirent le dessus et il se dit qu'il lui fallait rendre les derniers devoirs à son frère. Il prit donc dans la caverne deux grands sacs où il plaça les membres, le tronc et la tête de Kassim; il en chargea un de ses ânes et recouvrit le tout de branchages. Et, voulant profiter de l'occasion et ne pas laisser ses bêtes s'en retourner à vide, il chargea les deux autres ânes de sacs d'or, qu'il recouvrit aussi de branchages. Puis il reprit le chemin de la ville, déplorant la triste fin de son frère.

Dès qu'il fut entré dans la petite cour de sa maison, Ali Baba appela la jeune Morgane. Il s'agissait d'une jeune esclave qu'Ali Baba et sa femme avaient recueillie toute petite et qu'ils avaient élevée comme leur propre fille. Elle avait alors une quinzaine d'années; elle aidait sa mère adoptive aux soins du ménage, faisant à elle seule le travail de trois personnes. Cette jeune fille était jolie, douce, adroite, mais surtout très habile et inventive pour résoudre les questions les plus difficiles.

Dès qu'elle fut descendue, elle commença par baiser la main d'Ali Baba, son père adoptif, et lui souhaita la bienvenue, comme elle faisait chaque fois qu'il rentrait à la maison.

Et Ali Baba lui dit:

— Morgane, ma petite fille, c'est vraiment aujourd'hui que nous allons avoir besoin de ta finesse et de ton dévouement!

Il lui raconta rapidement son aventure et lui révéla ce qu'il y avait dans les sacs.

— Tu vois, reprit-il, il est là en six morceaux, sur cet âne! Il faut que j'aille annoncer la nouvelle à la veuve. Toi, pendant ce temps, trouve donc le moyen de le faire enterrer comme s'il était mort de sa belle mort, sans que personne ne se doute de rien!

Et Morgane se mit à réfléchir tandis qu'Ali Baba montait l'escalier. Il avait une telle mine que sa belle-sœur se mit à pousser des hurlements de travers en le voyant entrer. Elle s'apprêtait déjà à s'écorcher les joues, à déchirer ses vêtements et à s'arracher les cheveux; mais Ali Baba lui raconta la chose avec tant de ménagements qu'il réussit à couper court à des lamentations bruyantes, évitant du même coup d'ameuter tout le voisinage.

Et il ajouta :

— Allah est généreux, il m'a donné la richesse au-delà de mes besoins véritables. Si donc, dans ce malheur sans remède qui est le tien, quelque chose peut te consoler un peu, je t'offre de réunir les biens qu'Allah m'a donnés à ceux qui t'appartiennent et de venir dans ma maison comme deuxième épouse, selon la loi musulmane. Et nous vivrons tous tranquillement en parlant des vertus du défunt!

Alors la belle-sœur sentit soudain son cœur s'éclairer : elle comprit la bonté d'Ali Baba et sa générosité, elle regretta sa conduite passée et accepta d'entrer dans la maison comme deuxième épouse. Et voilà pour elle!

Quant à Ali Baba, qui avait ainsi écarté le danger, il laissa sa première épouse s'occuper de la seconde, et descendit voir la jeune Morgane.

Celle-ci n'avait pas perdu son temps. Elle avait déjà imaginé un stratagème et commencé à l'appliquer. Pour cela, elle était allée trouver un marchand de drogues et de remèdes qui habitait non loin de là; elle était entrée dans la boutique et, la mine affligée, avait demandé une certaine potion de thériaque que l'on administre habituellement en cas de maladie mortelle. Le marchand lui avait donné la thériaque, non s'en s'inquiéter de la personne qui était si malade.

— Hélas! avait-elle répondu en soupirant et en secouant la tête, je crains bien que ce ne soit le mal rouge qui tienne le frère de mon maître Ali Baba! On l'a transporté chez nous pour qu'il soit mieux soigné, mais personne ne comprend rien à sa maladie : il ne bouge pas, il ne dit rien, il n'entend rien et il est aveugle!

Ayant ainsi éclairé l'apothicaire, elle rentra avec la thériaque qui, à la vérité, arrivait un peu tard. Mis au courant en quelques mots, Ali Baba approuva le plan de la jeune esclave et la complimenta pour son ingéniosité.

Le lendemain, Morgane retourna chez le même marchand de drogues et lui demanda, en versant des larmes et en poussant de gros soupirs, un certain électuaire, remède des mourants. L'apothicaire lui demanda des nouvelles du malade :

— Hélas ! gémit Morgane en s'en allant, si cet électuaire n'agit pas, cette fois tout est perdu !

Et l'apothicaire se hâta de raconter à tout le quartier que le frère d'Ali Baba le bûcheron était malade, bien malade, sans se douter à quel point !

Et les voisins disaient en hochant la tête :

— Il n'y a plus d'espoir ! C'est un cas désespéré !

Ce qui était tout à fait vrai.

Aussi, le lendemain matin dans le voisinage, personne ne fut surpris d'être réveillé en sursaut par des cris aussi aigus que lamentables, et chacun savait que ces cris étaient poussés par la femme de Kassim, par la belle-sœur de Kassim, par toutes les esclaves et les parentes de Kassim à l'occasion de sa mort.

Et cela était parfaitement exact.

Pendant ce temps, Morgane continuait à exécuter le plan qu'elle avait échafaudé : «Ma fille, se disait-elle, c'est très joli de faire passer une mort violente pour une mort naturelle, mais il y a bien plus difficile que cela, c'est de cacher que le défunt est en six morceaux ! »

Elle alla donc trouver un vieux savetier, dans un quartier où on ne la connaissait pas, et lui mit dans la main un dinar d'or.

— Le salam soit sur toi, cheik Mustapha ! lui dit-elle. Nous avons bien besoin de ton habileté, aujourd'hui !

Le vieux bonhomme, qui était toujours gai et plein d'entrain, répondit :

— Que puis-je faire pour toi, ô belle demoiselle ?

— Il faut simplement te lever, fermer ta boutique et me suivre, mais prends tout le nécessaire pour coudre un bon morceau de cuir.

Quand il eut fait ce qu'elle demandait, elle lui banda les yeux en lui affirmant que c'était une condition indispensable.

— Que veux-tu faire ? dit le bonhomme, inquiet, crois-tu que je commettrais une mauvaise action pour un dinar ?

— Mais non, mais non ! se récria Morgane, sois tranquille, il ne s'agit nullement d'une mauvaise action, mais d'un simple travail de couture !

Et elle lui glissa dans la main un second dinar d'or, ce qui mit tout à fait en repos la conscience du savetier. Morgane le prit par la main et le guida, les yeux bandés, jusqu'à la maison d'Ali Baba. Là, dans la cave, elle lui ôta le bandeau et, montrant le cadavre dont elle avait replacé les morceaux dans l'ordre naturel, elle dit :

— Tu vois, c'est pour recoudre ces six morceaux que je t'ai fait venir !

Comme le savetier reculait, effrayé, elle lui mit encore un dinar d'or dans la main et lui en promit un quatrième si le travail était fait rapidement, ce qui décida le bonhomme. Quand il eut terminé, elle lui donna la récompense promise, lui remit le bandeau sur les yeux et l'accompagna jusqu'à sa boutique. Puis elle se hâta de rentrer, en s'assurant que le savetier ne la suivait pas.

Dès qu'elle fut de retour, elle lava le cadavre reconstitué, le parfuma à l'encens, l'enduisit d'aromates et l'enveloppa dans le linceul. Puis elle reçut les hommes qui apportaient la civière commandée et les paya. Enfin, avec l'aide d'Ali Baba, elle mit le mort dans le cercueil, qu'elle recouvrit d'étoffes. Kassim était devenu un mort très présentable.

L'imam et les autres dignitaires de la mosquée voisine se présentèrent, et quatre voisins chargèrent la civière sur leurs épaules. L'imam prit la tête du cortège, suivi par les lecteurs du Coran. Morgane marchait derrière les porteurs, se frappant la poitrine, gémissant et répandant des larmes; Ali Baba fermait la marche, accompagné de ses voisins qui prenaient part à sa douleur. On arriva au cimetière et l'on

enterra Kassim au milieu des lamentations des voisines qui entouraient la veuve affligée.

Ainsi, la vérité resta soigneusement cachée et tout le monde crut que Kassim avait été emporté en trois jours par une terrible maladie.

Et voilà pour tous ceux-là.

Un mois passa. Les voleurs n'étaient pas retournés à la caverne, où ils avaient laissé le cadavre pour effrayer les indésirables. Ils revinrent un matin et, stupéfaits, ne trouvèrent rien qui ressemblât, de près ou de loin, à Kassim ou à son cadavre.

Cette fois, ils réfléchirent sérieusement et le chef dit :

— Amis, il n'y a pas de doute, nous sommes découverts ! Si nous n'apportons pas rapidement un remède à cette situation, toutes ces richesses, que nos ancêtres voleurs et nous-mêmes avons entassées avec tant de peine, iront enrichir le complice de celui que nous avons châtié ! Il faut tuer le deuxième comme nous avons tué le premier ! Et voici ce que nous allons faire : l'un d'entre nous, à la fois hardi et avisé, ira en ville déguisé en derviche; il s'arrangera pour entendre parler de l'homme que nous avons découpé en morceaux et pour savoir où il demeurait. Mais un mot de trop pourrait attirer l'attention et nous serions perdus ! Aussi, celui qui se chargera de cette mission doit s'engager à ce qu'on lui coupe la tête s'il fait preuve de légèreté dans son enquête !

Aussitôt, l'un des voleurs se leva et dit :

— J'irai ! Et j'accepte la condition.

Tous les autres le félicitèrent chaudement et il partit déguisé en derviche, avec une grande robe blanche, une grande barbe blanche et un bonnet pointu.

Quand il entra dans la ville, il était encore très tôt ; tous les habitants dormaient, excepté le vieux savetier, qui cousait une babouche en cuir jaune. En levant les yeux, il vit le derviche, qui se hâta de lui souhaiter le bonjour. Le cheik Mustapha lui rendit son salut et le derviche admira qu'à son âge il eût encore la vue si bonne et la main si habile. Flatté, le savetier se rengorgea et répondit :

— Eh oui, derviche ! Plus que tu ne crois ! Non seulement je puis enfiler mon aiguille du premier coup, mais je suis capable de recoudre dans une cave sombre les six quartiers d'un homme mort !

En entendant cela, le voleur faillit s'envoler de joie et remercia le ciel d'être tombé sur l'homme qui pouvait justement l'informer !

Mais il s'écria, faussement étonné :

— Comment cela ? Que veux-tu dire ? Aurait-on l'habitude, dans cette ville, de couper les morts en morceaux et de les recoudre ?

Le vieux savetier se mit à rire.

— Mais non, par Allah ! Cela ne se fait pas plus ici qu'ailleurs ! Mais je sais ce que je sais, et ce que je sais personne d'autre ne le saura ! D'ailleurs, ce matin, ma langue ne répond pas très bien à ma mémoire!

Alors le derviche se mit à rire lui aussi, pour s'attirer les bonnes grâces du bonhomme qui en avait trop dit sans même s'en rendre compte. Il lui serra la main en y laissant une pièce d'or que le vieux fit disparaître dans sa poche.

— Mon oncle, dit le voleur, qu'Allah me garde de vouloir me mêler de ce qui ne me regarde pas, mais je suis un étranger et je voyage pour m'instruire. Ne pourrais-tu me dire, par hasard, où trouver une maison où l'on raccommode les six morceaux d'un mort? C'est une chose bien extraordinaire.

— Et comment le pourrais-je? répliqua le savetier, je ne la connais même pas, cette maison, ô derviche! J'y ai été conduit les yeux bandés, guidé par une ravissante jeune fille qui m'a fait marcher à une vitesse incroyable! Il est vrai que si l'on me bandait les yeux de nouveau, je pourrais sans doute retrouver la maison, grâce à certains points de repère. Car tu dois savoir, saint homme, que l'on peut se diriger avec les mains presque aussi bien qu'avec les yeux! La preuve en est que, parmi les clients dont je chausse les honorables pieds, je connais plusieurs aveugles qui y voient mieux avec leurs doigts que le maudit barbier qui me taillade les joues tous les vendredis sous prétexte de me raser! Qu'Allah le lui rende!

— Béni soit le jour de ta naissance! s'écria le faux derviche. Puisses-tu encore longtemps chausser les pieds honorables! Grâce à tes indications, essayons donc de retrouver cette maison où il se passe des choses si étonnantes!

Le vieux Mustapha se décida finalement à se lever; le derviche lui banda les yeux et le mena par la main, tantôt conduit par lui et tantôt le conduisant, jusqu'à la porte même d'Ali Baba.

Et le savetier dit au voleur:

— C'est ici! Je reconnais l'odeur de crottin d'âne, et la borne où j'ai buté la première fois.

Le voleur, jubilant, enleva le bandeau, remercia le savetier, lui donna une nouvelle pièce d'or et lui promit qu'il n'achèterait plus jamais ses babouches ailleurs que chez lui.

Quand le savetier fut parti, le voleur marqua à la craie la porte de la maison pour la distinguer de ses voisines. Et il se hâta de reprendre la route de la forêt pour rendre compte à son chef.

Mais, ce matin-là, la jeune Morgane était allée faire le marché au souk; elle aperçut la marque blanche sur la porte. Elle l'examina attentivement et se dit: «Cette marque n'est certainement pas là par hasard! Et celui qui l'a faite ne peut être qu'un ennemi! Il faut conjurer ce mauvais sort!»

Elle alla chercher un morceau de craie à la cuisine et fit la même marque sur toutes les portes de la rue, aussi bien à gauche qu'à droite; ainsi, plus rien ne distinguait la porte d'Ali Baba de celles de ses voisins.

Quand, le lendemain, les voleurs, renseignés par leur camarade, furent entrés dans la ville pour envahir la maison marquée, ils furent désemparés de voir que toutes les portes de la rue portaient exactement le même signe. Leur chef leur ordonna de retourner à la caverne.

Quand ils furent de nouveau rassemblés, ils jugèrent leur guide qui avait si mal rempli sa mission et lui coupèrent la tête. Et comme les voleurs voulaient plus que jamais se venger, un deuxième brigand s'offrit pour aller en ville. De la même façon, il alla trouver le savetier Mustapha et se fit conduire devant la maison d'Ali Baba. Cette fois, il y fit une marque rouge, dans un endroit peu visible. Puis il retourna à la caverne.

Mais le destin est le destin, et quand une tête doit sauter de ses épaules, rien ne pourra l'empêcher de sauter…

En effet, quand l'astucieuse Morgane sortit ce matin-là pour aller au souk, elle regarda attentivement la porte, vit la marque rouge et se hâta de marquer de même toutes les portes de la rue.

Et, le lendemain, les voleurs ne purent reconnaître la porte, et ils coupèrent la tête à leur deuxième camarade comme ils l'avaient coupée au premier. Cependant, ils n'étaient pas plus avancés qu'avant et ils avaient perdu deux de leurs compagnons les plus courageux. Aussi, le chef, impatient, décida d'aller lui-même aux renseignements. Mais il ne fit pas comme les autres : lorsque le savetier Mustapha l'eut conduit à la porte d'Ali Baba, le chef des voleurs ne perdit pas son temps à la marquer en rouge, en vert ou en bleu, mais il l'examina avec attention pour la reconnaître. Et quand il fut sûr de ne pas se tromper, il retourna à la caverne, rassembla les trente-sept voleurs et leur dit :

— Cette fois, nous tenons notre gaillard ! Et, par Allah, le châtiment sera terrible ! Vous autres, vous allez m'apporter ici même trente-huit grandes jarres de terre cuite, de celles où l'on conserve l'huile. Mais il faut que les jarres soient vides, toutes sauf une que vous remplirez de la meilleure huile d'olive. Et veillez à ce qu'elles ne soient pas fêlées ! Allez !

Les voleurs, habitués à obéir aveuglément à leur chef, allèrent aussitôt acheter au souk des potiers trente-huit grandes jarres toutes neuves, sans fêlures, et les rapportèrent à leur chef, deux par deux sur leurs chevaux.

Alors, le chef des voleurs dit à ses hommes :

— Maintenant déshabillez-vous, et entrez dans les jarres en ne gardant chacun que votre turban, vos babouches et vos armes ! Et les trente-sept voleurs grimpèrent un à un dans les jarres suspendues aux chevaux, tenant chacun son sabre et son gourdin.

Quand tous les voleurs se furent calés, le chef boucha les jarres avec de la fibre de palmier, pour dissimuler le contenu tout en laissant les hommes respirer. Enfin, pour égarer les soupçons, il prit de l'huile dans la jarre pleine et en frotta légèrement les autres. Tout étant ainsi disposé, il se déguisa lui-même en marchand d'huile et poussa devant lui les chevaux chargés, comme s'il était un conducteur de caravane.

Vers le soir, il arriva sans encombre devant la porte d'Ali Baba. Et l'on aurait dit que la chance était pour lui car, devant la porte, Ali Baba en personne prenait le frais avant la prière du soir.

Le chef des voleurs arrêta sa caravane et s'avança vers Ali Baba en lui faisant les salams et compliments d'usage, et lui dit :

— O mon maître ! Je suis un marchand d'huile étranger à la ville et je ne sais où loger. Par Allah, ta générosité irait-elle jusqu'à m'héberger cette nuit, moi et mes bêtes ?

Ali Baba se souvint alors de l'époque encore toute récente où il était pauvre, où il souffrait du mauvais temps, et il eut pitié. Sans reconnaître aucunement le chef des voleurs, tant celui-ci était bien déguisé, il répondit :

— Marchand d'huile, mon frère, sois le bienvenu. Que cette demeure te soit accueillante !

Et il le fit entrer avec ses chevaux dans la cour. Puis il appela Morgane et un autre esclave, ordonna de donner à manger aux chevaux et de décharger les jarres. Quand celles-ci furent rangées en ordre au fond de la cour et que les chevaux eurent reçu chacun une ration d'orge et d'avoine, Ali Baba, plein d'attentions, invita le chef des voleurs dans sa maison et le fit asseoir à la place d'honneur. À la fin du dîner, il ne voulut pas gêner son hôte qui devait être fatigué, et se retira en lui disant :

— O marchand d'huile, ma maison est ta maison, et tout ce qui est dedans est à toi !

Mais le chef des voleurs lui demanda où se trouvait l'endroit de la maison où l'on pouvait soulager ses besoins naturels. Ali Baba lui indiqua un coin de la cour, à côté des jarres, et s'éclipsa pour ne pas embarrasser son invité. Laissé seul, le chef des voleurs s'approcha des jarres et s'adressa à chacune d'elles :

— Eh ! Toi ! chuchota-t-il. Dès que tu entendras la jarre où tu es tinter sous le choc d'un caillou, ce sera le signal. Alors tu sortiras avec tes armes et tu me rejoindras.

Puis il rentra dans la maison. Morgane, qui l'attendait derrière la porte avec une lampe à huile, le conduisit à la chambre qu'on lui avait préparée et se retira. Le chef des voleurs s'étendit sur le lit pour dormir jusqu'à la moitié de la nuit; il ne tarda pas à ronfler comme une marmite sur le feu.

Pendant ce temps, dans la cuisine, Morgane achevait de nettoyer plats et assiettes, quand, tout à coup, l'huile vint à manquer et la lampe s'éteignit. Morgane resta dans le noir, désolée, car précisément la provision d'huile était épuisée et elle avait oublié d'en racheter. Elle appela Abdallah, le nouvel esclave d'Ali Baba, et lui expliqua la situation. Mais Abdallah éclata de rire en disant :

— Par Allah, Morgane, comment peux-tu dire qu'il n'y a pas d'huile dans la maison, alors que nous en avons trente-huit jarres pleines au fond de la cour ! À en juger par son parfum, ce doit être de l'huile d'olive de qualité supérieure !

Puis il retourna se coucher car il devait accompagner son maître Ali Baba très tôt le lendemain. Et Morgane, confuse de son étourderie, prit le pot à huile et sortit dans la cour. Elle s'approcha de la première jarre, enleva le couvercle et plongea le pot dans l'ouverture. Mais, ô stupeur ! Ventre noué et gorge serrée ! Au lieu d'entrer doucement dans l'huile, voilà que le pot heurta —dong !— quelque chose de dur ! Et ce quelque chose remua et se mit à parler d'une voix étouffée :

— Par Allah ! Ce n'est pas un caillou que le chef a lancé, c'est un rocher ! Allons-y ! C'est le moment !

Et le voleur voulut sortir la tête.

On se doute du saisissement de Morgane en découvrant, à la place d'huile, une jarre parlante ! Elle crut sa dernière heure arrivée. « Je suis morte ! pensa-t-elle, tout le monde est mort dans la maison ! » Mais, sous le coup d'une émotion aussi violente, elle retrouva toute sa présence d'esprit : au lieu de se mettre à pousser

des hurlements d'horreur, elle se pencha vers l'ouverture de la jarre et dit :

— Non, non, ne sors pas, le chef dort encore !

Car elle avait tout deviné !

Et comme le voleur se renfonçait dans la jarre en grommelant, car sa position le fatiguait beaucoup, elle s'approcha des autres jarres et constata qu'elles contenaient toutes un homme à qui elle dit à voix basse :

— Patience ! C'est bientôt l'heure !

Elle compta ainsi trente-sept têtes : seule la trente-huitième jarre contenait de l'huile. Elle en remplit aussitôt son pot et courut rallumer la lampe pour mettre à exécution le projet qu'elle venait de concevoir.

Dans la cour, elle alluma du feu sous le grand chaudron qui servait à faire la lessive. Puis, avec le pot, elle remplit le chaudron de l'huile qui était dans la jarre. Et comme le feu était vif, l'huile se mit bientôt à bouillir à gros bouillons. Alors Morgane alla chercher un seau dans l'écurie, le remplit d'huile bouillante, s'approcha de la première jarre, enleva le bouchon et, d'un seul coup, versa le liquide exterminateur dans la jarre! Le propriétaire de la tête fut irrévocablement ébouillanté et mourut sans un cri! Morgane fit subir le même sort épouvantable à tous les brigands enfermés dans les jarres! Et tous furent irrémédiablement échaudés. Tant il est vrai que nul ne peut échapper à son destin, fût-il protégé par une jarre de triple épaisseur!

Ayant ainsi anéanti les voleurs, Morgane étouffa le feu qui brûlait toujours dans la cour, et reboucha les jarres avec les couvercles en fibre de palmier. Elle rentra dans la cuisine et éteignit la lumière, afin de guetter la suite des événements.

Elle n'eut pas longtemps à attendre. Vers le milieu de la nuit, le chef des voleurs mit prudemment le nez à sa fenêtre; il constata qu'aucune lumière ne brillait et qu'un profond silence régnait dans la maison. Alors, ainsi qu'il l'avait dit à ses hommes, il prit un sac de petits cailloux qu'il avait sur lui et les lança l'un après l'autre sur les jarres. Et comme il avait l'œil sûr et la main habile, il entendit à chaque fois tinter la panse de la jarre qu'il avait visée. Il s'attendait à voir ses hommes bondir de leur cachette en brandissant leur sabre. Comme tout restait tranquille, il pensa qu'ils s'étaient endormis et leur jeta de nouveaux cailloux. Mais cette fois encore, rien ne bougea. Dans une rage noire, il descendit dans la cour pour aller secouer ses gars, tout en pestant intérieurement : «Ces fils de chiens ne sont décidément bons à rien! Il faut que je fasse tout moi-même!»

Mais il recula, suffoqué par l'épouvantable odeur de friture qui se dégageait des jarres! Et en approchant la main, il sentit qu'elles étaient brûlantes! Alors il ramassa de la paille, en fit une torche et l'alluma: c'est ainsi qu'il découvrit l'un après l'autre ses hommes frits et fumants, avec des corps sans âme. Comprenant qu'il n'y avait plus rien à espérer et qu'il était le seul survivant des quarante voleurs, le chef ne demanda pas son reste; il sauta par-dessus le mur de la cour et s'enfuit.

Arrivé dans la caverne, il s'assit tout seul en roulant de sombres pensées, se demandant comment il allait s'y prendre pour venger tout ce qu'il avait désormais à venger.

Et pour le moment, voilà pour lui.

Quant à Morgane, elle venait de sauver tous les habitants de la maison. Ayant vu s'enfuir le chef des voleurs, elle s'assura qu'il n'y avait plus rien à craindre et alla se coucher. L'aube pointait quand elle réveilla Ali Baba. Celui-ci se leva, encore ensommeillé, croyant qu'il était l'heure d'aller faire ses courses. Mais Morgane le mena devant les jarres et lui dit :

— Maître, veux-tu ôter le couvercle de cette jarre et regarder ce qu'elle contient ?

Ali Baba regarda et recula, horrifié. Morgane lui raconta alors tout ce qui s'était passé pendant la nuit, mais comme nous le savons déjà, il n'y a pas d'utilité à le répéter.

Elle lui raconta aussi l'histoire des marques blanches et des marques rouges, qu'il ignorait; Ali Baba fut si ému qu'il serra la jeune fille sur son cœur en s'exclamant :

— Que Dieu te bénisse, ma petite Morgane, et bénisse tes parents ! Ce n'est certes pas une ingrate qui a mangé le pain avec nous ! Je veux que tu sois désormais à la tête de la maison et l'aînée de mes enfants !

Et il continua à louer son courage et son intelligence. Puis, avec l'aide de Morgane et de l'esclave Abdallah, Ali Baba enterra les trente-sept voleurs dans une énorme fosse qu'il mit tout l'après-midi à creuser. Il remit la terre par-dessus les corps enfouis pêle-mêle, sans aucune cérémonie, pour ne pas éveiller l'attention des voisins.

C'est ainsi qu'on se débarrassa de cette vilaine engeance.

Les jours suivants, on ne fit que rire et festoyer dans la maison d'Ali Baba. On ne se lassait pas de raconter la prodigieuse aventure, en ajoutant à chaque fois de nouveaux commentaires. Et chacun venait témoigner son amitié et son admiration à Morgane.

Un soir, le fils aîné d'Ali Baba, qui s'occupait de l'ancienne boutique de Kassim, rentra très préoccupé du souk.

— Mon cher père, dit-il, je ne sais comment rendre au marchand Hussein toutes les amabilités dont il ne cesse de me combler ! Il n'est pas installé depuis longtemps au souk, mais il m'a déjà invité cinq fois à déjeuner ! Je voudrais bien, pourtant, lui rendre la politesse, quitte à ne l'inviter qu'une seule fois pour un grand festin !

Ali Baba répondit aussitôt :

— Tu as tout à fait raison, mon fils, c'est la courtoisie la plus élémentaire. Et tu aurais dû me le signaler plus tôt ! Demain, c'est justement vendredi, jour de repos. Invite-donc ton voisin Hussein à venir partager avec nous le pain et le sel de l'hospitalité, et si par hasard la discrétion le pousse à refuser, insiste. J'espère qu'il ne trouvera pas notre repas indigne de sa générosité.

Le lendemain, le fils d'Ali Baba invita donc le marchand Hussein à se promener et s'arrangea pour passer devant la maison de son père.

Celui-ci se tenait comme par hasard sur le seuil. Il s'avança vers eux en souriant et, après les salutations, exprima au «hagg Hussein, nouvellement installé dans le souk», tous ses remerciements pour les bontés qu'il avait eues à l'égard de son fils, puis l'invita chaleureusement à partager le repas avec eux.

— Je sais bien, ajouta-t-il modestement, que nous ne pourrons être quittes de ta générosité, mais au moins pourrons-nous partager le pain et le sel!

Le hagg Hussein fit cette réponse surprenante:

— O mon maître, ton hospitalité me serait une chose délicieuse, mais je ne puis accepter car j'ai fait vœu, depuis bien longtemps déjà, de ne jamais manger de sel ni d'aucun mets salé!

— C'est tout simple! répliqua Ali Baba, légèrement surpris, je préviendrai à la cuisine et l'on préparera des plats sans sel!

Et il insista tellement que le hagg Hussein finit par accepter et entra dans la maison.

Aussitôt, Ali Baba prévint Morgane. Celle-ci, intriguée, transmit l'ordre à la cuisinière, mais se mit à réfléchir à cette étrange demande. Quand le repas fut prêt, elle dressa les mets sur de grands plateaux et, avec l'aide d'Abdallah, les porta dans la salle. Et comme elle était par nature aussi curieuse qu'une chatte, elle ne manqua pas de jeter de temps à autre un coup d'œil sur l'hôte singulier qui ne mangeait pas de sel.

Le repas terminé, elle sortit pour laisser Ali Baba et son fils s'entretenir tranquillement avec leur invité. Mais, au bout d'une heure, elle revint dans la salle : à la grande surprise d'Ali Baba et de son fils, elle était habillée en danseuse ! Elle portait au front un collier de sequins d'or, elle avait le cou orné d'un rang de grains d'ambre jaune et la taille prise dans une ceinture tressée d'or; des grelots tintaient à ses poignets et à ses chevilles ! Enfin, selon la coutume des danseuses de métier, à sa ceinture pendait un magnifique poignard à manche de jade et à longue lame pointue, de ceux qui servent à mimer certaines figures de danse; elle avait aussi fardé ses grands yeux jusqu'aux tempes et noirci ses sourcils.

Elle avança à pas souples, la taille cambrée, les bras levés. Derrière elle venait le jeune Abdallah; tenant un tambourin à petites cymbales, il rythmait lentement les pas de la danse. Morgane salua gracieusement, et fit un signe imperceptible à Abdallah qui accéléra le rythme. Alors elle se mit à danser comme un oiseau devant le hagg Hussein admiratif et Ali Baba complètement ébahi !

La jeune fille experte dansa toutes les danses, toutes les figures, tous les pas; elle dansa la danse des écharpes, la danse du mouchoir, la danse du bâton; elle dansa les danses des Juives, celles des Grecques, celles des Éthiopiennes, celles des Persanes et celles des Bédouines ! Enfin, elle tira le poignard du fourreau et se lança dans la danse du poignard, tandis que l'assistance retenait son souffle. Puis elle s'arrêta tout à fait et Abdallah, sans quitter sa place, lui jeta le tambourin qu'elle attrapa au vol. Toute haletante, elle s'en servit comme d'une sébile, la tendant aux spectateurs pour solliciter leur générosité. Et Ali Baba, bien qu'un peu mécontent de cette initiative de Morgane, mit dans le tambourin un dinar d'or, tant il avait pris de plaisir à la voir danser. Morgane le remercia d'une profonde révérence et tendit son tambourin vers l'hôte qui n'aimait pas le sel; celui-ci prit sa bourse pour chercher une pièce. Et, tandis qu'il était ainsi les yeux baissés, Morgane bondit soudain comme un chat sauvage et lui enfonça son poignard dans le cœur, jusqu'à la garde!

Et le hagg Hussein roula des yeux, ouvrit la bouche, la referma; poussant à peine un demi-soupir, il s'effondra sur le tapis, déjà corps sans âme!

Horrifiés et scandalisés, Ali Baba et son fils se précipitèrent sur Morgane qui, tremblante, essuyait son poignard; et comme ils croyaient qu'elle avait une crise de folie, ils voulurent le lui arracher des mains. Mais elle leur dit d'une voix calme:

— Louanges à Allah, mes maîtres, lui qui a dirigé mon faible bras et nous a ainsi définitivement débarrassés de notre ennemi! Regardez donc si celui qui se faisait passer pour le hagg Hussein n'était pas le faux marchand d'huile, c'est-à-dire le chef des

voleurs soi-même ! C'est pour cela qu'il ne voulait pas goûter le sel sacré de l'hospitalité qui rend les hommes frères ! Et, se baissant, elle écarta le manteau du mort; sous sa barbe et son déguisement, elle montra celui qui avait juré leur perte. Ali Baba, l'ayant reconnu, comprit que lui et les siens devaient pour la seconde fois la vie à Morgane ! Il la serra contre lui et l'embrassa sur le front, en disant :

— Morgane, ma fille, veux-tu porter mon bonheur à son comble ? Entre définitivement dans ma famille en épousant le beau jeune homme que voici, mon fils que tu connais depuis toujours !

Et Morgane accepta. Son mariage avec le fils d'Ali Baba eut lieu sans retard devant le cadi et les témoins; on le célébra par des fêtes et des divertissements sans fin.

Quant au chef des voleurs, on l'enterra secrètement dans la même fosse que ses hommes, comme un chien qu'il était.

Après le mariage de son fils, Ali Baba resta longtemps soucieux à cause des deux voleurs dont il était sans nouvelles, ignorant qu'ils avaient eu la tête coupée. Il avait appris la prudence et suivait aveuglément les conseils de Morgane; comme, au bout d'un an, rien ne s'était passé, il retourna à la caverne en compagnie de son fils et de sa belle-fille. En arrivant, celle-ci vit tout de suite que l'herbe avait poussé devant le rocher, et que les taillis encombraient le chemin; elle en conclut que personne n'était venu là depuis bien longtemps.

Alors Ali Baba étendit la main vers le rocher et dit:

— Sésame, ouvre-toi!

Et, comme au premier jour, le rocher s'ouvrit en deux et laissa le passage! Ali Baba, voyant que rien n'avait changé au-dedans, fut enchanté de pouvoir offrir à ses enfants les fabuleuses richesses des quarante voleurs, car il en était désormais le seul propriétaire.

Depuis lors, ils vécurent tous dans la joie et l'abondance.

LE FILS DU ROI ET LA TORTUE

On raconte que, dans les temps anciens, il était un puissant sultan à qui Dieu avait accordé trois fils.

Tous trois étaient de vaillants guerriers et des jeunes gens accomplis. L'aîné, qui était aussi le plus grand, s'appelait Shater Ali, le second Shater Hossein, et le troisième, qui était aussi le plus petit, Shater Mohammad. Et des trois frères, c'était Shater Mohammad le plus beau, le plus vaillant et le plus généreux.

Mais leur père les aimait à égalité; aussi avait-il décidé de partager à sa mort son royaume en trois domaines équivalents.

Quand ils furent en âge de se marier, le sultan resta perplexe. Qui fallait-il leur choisir comme épouses? Il appela son vizir, qui était un homme sage, intègre et prudent, et lui dit:

— Je t'ai fait venir pour avoir ton conseil dans un cas embarrassant. Je ne sais qui choisir comme épouses pour mes fils. Qu'en penses-tu ?

Et le vizir réfléchit une heure de temps les sourcils froncés avant de répondre :

— O roi du temps ! C'est là une affaire bien délicate ! La chance et la malchance sont également dans l'invisible et nul n'échappe à sa destinée !

— Certainement, dit le roi, mais je le savais déjà ! Et c'est bien pour cela que je te demande conseil !

— Il me semble, continua le vizir, que le mieux est de laisser le choix des épouses de tes fils simplement... à leur destinée !

— Mais, dit le roi un peu impatienté, on ne connaît sa destinée qu'une fois qu'elle est accomplie. Il me semble que nous tournons en rond !

— Non pas, répliqua le vizir. Que les trois princes montent sur la terrasse du palais avec leur arc et leurs flèches; là, on leur bandera les yeux, on leur fera faire trois tours sur eux-mêmes, et chacun décochera une flèche au hasard dans la direction où il se trouvera. Alors nous ferons visiter les maisons où les flèches seront tombées et, s'il y a là une fille à marier, tu la demanderas en mariage à son père. Ainsi, la jeune fille aura été écrite sur le destin de chacun de tes fils !

— Ton conseil est un excellent conseil, mon vizir. Nous allons faire comme tu dis !

Il fit appeler à l'instant même ses fils qui revenaient de la chasse et leur fit part de l'idée du vizir. Puis le roi monta avec eux sur la terrasse, accompagné de son vizir et de tous les dignitaires, et l'on banda les yeux des trois princes armés de leur arc et d'une flèche. Après qu'il eut fait trois tours sur lui-même, l'aîné lança sa flèche droit devant lui. Elle alla se ficher sur le toit de la maison d'un des plus grands seigneurs du royaume.

Le deuxième né tira une flèche qui se planta en vibrant sur la terrasse du général qui commandait les troupes du sultan.

Le troisième fils, qui était le prince Shater Mohammad, lança à son tour sa flèche dans la direction où il se trouvait; elle tomba dans la cour d'une maison dont personne ne connaissait le propriétaire.

On alla visiter les trois maisons. Il se trouva que le grand seigneur et le général en chef avaient chacun une fille merveilleusement belle en âge de se marier, et ils furent au comble de la joie de les marier aux fils du roi.

Or, quand on alla visiter la troisième maison, celle dont on ne connaissait pas le propriétaire, on vit qu'elle était entièrement vide, à l'exception d'une énorme tortue qui vivait là tranquillement. Chacun s'étonna de la taille prodigieuse de l'animal, mais comme il n'était guère possible de songer à marier un jeune homme et une tortue, le roi décida qu'il fallait recommencer l'expérience.

On remonta donc sur la terrasse du palais, et Shater Mohammad, les yeux bandés, décocha une nouvelle flèche. Mais, conduite par la destinée, celle-ci tomba également sur la maison où demeurait la tortue! Le sultan en fut extrêmement contrarié et dit au prince:

— Ce n'est vraiment pas de chance, mon fils! Par Allah, ta main n'a pas la bénédiction, aujourd'hui! Tu devrais invoquer Dieu avant de lancer une troisième flèche!

Et Shater Mohammad tira une troisième flèche de toutes ses forces en s'écriant:

— Au nom d'Allah le miséricordieux!

À la stupéfaction générale, la troisième flèche alla se planter à quelques centimètres des deux premières! Le sultan, voyant que la destinée désignait obstinément la tortue géante, décida que son troisième né resterait célibataire!

— Mon fils, comme cette tortue n'est ni de notre race, ni de notre religion, ni même de notre espèce, il vaut mieux que tu ne te maries pas, jusqu'à ce qu'Allah nous accorde sa clémence.

Cependant, Shater Mohammad ne l'entendit pas ainsi et se récria vivement:

— Mais pas du tout! Le temps de mon célibat est passé, et puisque la destinée m'a accordé une tortue, j'épouserai la tortue!

À ces mots, le sultan fut saisi d'étonnement.

— Mon enfant, dit-il, certes, cet animal t'a été

désigné par le sort, mais il est impossible qu'un homme épouse une tortue !

— Ça ne fait rien, répéta le prince. C'est elle que je veux pour femme, je l'épouserai !

Le sultan, consterné, mais ne voulant contrarier ni son fils ni la destinée, finit par donner son consentement à ce singulier mariage.

Aussitôt, on célébra les noces des princes Shater Ali et Shater Hossein au milieu de grandes réjouissances; chaque mariage dura quarante jours et quarante nuits. Et les deux princes vécurent désormais chacun avec sa femme.

Mais quand arriva le jour des noces de Shater Mohammad avec la tortue, tout le monde se moqua; malgré festins et divertissements, les deux frères, leurs épouses, leurs parents, les femmes des émirs et des dignitaires du royaume firent tout ce qu'ils purent pour gâcher le mariage. Et le pauvre Shater Mohammad dut subir beaucoup d'avanies, sourires railleurs et méchantes plaisanteries.

Cependant, le soir, il entra dans l'appartement qui avait été préparé pour sa femme, la tortue géante. Et là, ce qui se passa, personne n'en sut rien; mais le lendemain matin, Shater Mohammad avait l'air absolument enchanté, et il en fut de même les jours suivants !

Voilà comment se passèrent les noces du prince Shater Mohammad.

Quant au sultan, le poids des ans, les soucis du gouvernement et les émotions de toutes sortes, sans compter le chagrin que lui avait causé le mariage de son troisième fils, finirent par l'affaiblir beaucoup, lui voûter le dos et lui amincir les os. Il maigrit, son teint devint tout jaune; sa vue baissa tellement qu'il en était presque aveugle. Voyant son état, ses trois fils en furent très affligés; ils décidèrent de ne plus laisser le soin de sa santé aux femmes et aux esclaves du harem, et ils délibérèrent sur les moyens de rendre à leur père ses forces. Ils vinrent le trouver, lui baisèrent la main et lui dirent :

— Père, tu dépéris; si les choses continuent ainsi, ils nous faudra déchirer nos vêtements et sangloter d'avoir perdu notre soutien, notre père! Écoute notre conseil : désormais ce sont nos épouses qui prépareront ta nourriture, et non les esclaves de ton harem. Ainsi, grâce à leur savoir-faire, tu retrouveras ta vigueur.

Le sultan fut très touché par cette marque d'affection.

— Qu'Allah vous inonde de ses bienfaits, mes enfants! leur répondit-il. Mais ce sera un grand dérangement pour vos épouses!

Les trois princes se récrièrent que leurs femmes étaient tout à sa disposition. Ils ajoutèrent qu'ils voulaient faire préparer un repas par chacune d'elles, afin qu'il choisisse le plus succulent.

Le sultan les embrassa et répondit :

— Vous savez mieux que moi ce qui me convient.

Les trois princes allèrent trouver leurs épouses et leur demandèrent de préparer chacune un plateau, sans regarder à la dépense, pour qu'il soit le plus admirable et le plus délectable possible. Et chacun voulait emporter la préférence du sultan.

Pendant que les femmes se mettaient aux fourneaux, les deux aînés se moquaient de leur cadet, lui demandant ironiquement quels étaient les plats que la tortue réussissait le mieux et comment elle s'y prenait pour faire la cuisine. Mais Shater Mohammad souriait et ne disait rien.

Or, la tortue n'attendait que cette occasion pour montrer ce dont elle était capable; elle se mit au travail à l'instant même.

Elle commença par envoyer sa petite servante de confiance chez la femme du frère aîné, avec mission de lui demander de bien vouloir ramasser pour elle toutes les crottes de souris qu'elle trouverait dans sa maison; car, dit encore la servante, la tortue sa maîtresse allait en assaisonner le riz, les farces, les brochettes et les ragoûts qu'elle comptait préparer pour le sultan, ne se servant jamais d'autres condiments que ceux-là.

En entendant cette requête, l'épouse de Shater Ali se dit : «Par Allah ! Cette misérable tortue s'imagine-t-elle que je vais lui donner mes crottes de souris ?

Je saurai bien m'en servir comme condiment mieux qu'elle!» Aussi répondit-elle à la servante :

— Désolée de devoir refuser, mais c'est à peine si j'en ai assez moi-même pour mes recettes!

Et la petite servante revint porter cette réponse à sa maîtresse. À cette nouvelle, la tortue se tint les côtes et fut secouée de rire. Puis elle envoya la petite servante trouver l'épouse du second fils du sultan, la priant cette fois de lui faire cadeau de tout ce qu'elle pourrait trouver de fientes de volaille pour en assaisonner le repas du sultan. Bien entendu, la servante revint les mains vides, ne rapportant que les paroles désobligeantes de la belle-sœur: celle-ci prétendait ne pas pouvoir se passer d'une seule fiente de sa basse-cour pour sa cuisine.

À ces mots, la tortue rit si fort qu'elle en tomba sur le dos et resta hilare un bon moment. Puis elle prépara des mets savants et les disposa sur un grand plateau de cuivre. Elle couvrit le tout d'un couvercle en paille tressée et l'orna d'un magnifique tissu de lin parfumé à la rose. Enfin, elle envoya sa fidèle servante porter le plateau au sultan; de leur côté, les deux belles-sœurs firent de même.

L'heure du repas étant arrivée, le sultan s'assit devant les trois plateaux. Mais dès qu'on eut soulevé le couvercle du premier, il se dégagea une odeur effroyable de crottes de souris mijotées: un troupeau d'éléphants en serait tombé suffoqué! Et le sultan en fut si péniblement affecté qu'il tomba évanoui, le menton sur la poitrine! Confus, ses fils s'empressèrent autour de lui, et l'aspergèrent d'eau de rose. Mais, ayant retrouvé ses esprits, le sultan accabla son fils aîné de reproches et sa bru de malédictions. Enfin, on parvint à le calmer et l'on souleva le couvercle du deuxième plateau.

Alors, une pestilence insupportable de fiente rôtie se répandit dans la salle, capable de faire fuir les peuples les plus endurcis de toute l'Arabie! Et ce souffle fétide envahit le nez, la bouche et les poumons du sultan qui crut cette fois sa dernière heure arrivée; il tomba raide comme un bois de lit, la tête en avant!

Les trois frères consternés se hâtèrent de retirer le plateau. On ouvrit les fenêtres en grand, on brûla du benjoin et de l'encens et, à force d'être aspergé d'eau de rose, le sultan finit par revenir à lui. Cette fois, sa colère était à son comble; dès qu'il put prononcer un mot, il s'écria:

— Mais qu'ai-je fait à vos épouses, ô mes fils, qu'elles cherchent à empoisonner un malheureux vieillard? C'est un crime abominable!

Les deux princes sentirent leur figure s'allonger de honte et déclarèrent que c'était là une chose absolument incompréhensible!

Là-dessus, le jeune Shater Mohammad vint baiser la main de son père; il le supplia d'oublier cette fâcheuse affaire en raison du plaisir qu'il allait éprouver grâce au troisième et dernier plateau. Furieux, le sultan répliqua :

— Te moques-tu de ton père, par hasard ? Crois-tu que je vais toucher aux plats cuisinés par une tortue alors que ceux préparés par des filles de bonne famille sont si nauséabonds ? Je vois bien que vous êtes tous les trois d'accord et que vous complotez de m'empoisonner pour vous emparer de mon royaume !

Alors Shater Mohammad se jeta aux pieds de son père, lui jurant sur le Prophète qu'il n'était nullement question de cela, que tout était dû à un fâcheux hasard et que s'il ne prenait pas plaisir aux mets de la tortue, il avalerait, lui son fils, les deux autres repas sans en rien laisser.

Le sultan finit par se laisser fléchir de mauvaise grâce et fit signe à un serviteur de découvrir le dernier plateau, murmurant :

— Je me réfugie en Dieu, protecteur et miséricordieux !

Et voici que, le couvercle soulevé, il se dégagea du plateau cent fumets et parfums exquis ! Le vieux sultan sentit, comme des éventails, s'ouvrir son estomac, s'épanouir ses poumons, frémir ses narines et se clarifier son regard. Il retrouva son appétit depuis longtemps disparu, il perdit son teint jaune et son visage reprit toutes ses couleurs ! Pas moins ! Il se mit aussitôt à manger de tout ce qui était sur le plateau et s'en délecta une heure durant. Ayant terminé par un délicieux sorbet à la neige, il émit quelques bruits de satisfaction qui partaient de son estomac ravi, au comble du bien-être.

Le sultan ne sut comment exprimer à son plus jeune fils le contentement qu'il éprouvait après un tel régal. Shater Mohammad accepta ces louanges avec modestie, pour ne pas affliger ses frères, et dit :

— Mon cher père, ce n'est qu'une faible partie des talents de la tortue mon épouse. Mais, avec l'aide d'Allah, il lui sera peut-être donné un jour de mieux mériter vos compliments, et vous verrez alors combien elle gagne à être connue !

Et il le pria de consentir à ce que dorénavant ses repas soient préparés par son épouse et nulle autre, ce que le sultan accepta bien volontiers.

Au bout de quelques jours de ce régime, la santé du sultan se rétablit entièrement et sa vue s'améliora considérablement. Pour fêter sa guérison, il voulut donner un superbe festin, dont ses trois fils et leurs épouses seraient les invités d'honneur. Les princesses se préparèrent de leur mieux pour faire bonne figure devant le monde, par la splendeur de leurs toilettes et le luxe de leurs parures. Et la tortue, comme les autres, voulut soigner sa mise pour faire honneur à son mari. Quand elle fut parée et qu'elle eut allongé ses yeux avec du khôl, elle envoya sa servante auprès de sa belle-sœur, l'épouse de Shater Ali; elle lui fit demander si elle consentirait à lui prêter la plus belle oie qu'elle eût dans sa basse-cour, car elle voulait se rendre au palais à califourchon sur ce magnifique coursier. Mais la princesse fit répondre que si elle avait dans sa basse-cour une oie aussi extraordinaire, c'était bien dans l'intention de s'en servir elle-même; aussi était-elle au regret de ne pouvoir la prêter.

À cette réponse, la tortue partit à la renverse avec un grand éclat de rire. Elle envoya sa petite servante chez son autre belle-sœur, la priant cette fois de lui prêter, pour les réjouissances, le plus gros bouc qu'elle aurait dans son troupeau. La servante revint sans bouc, mais avec beaucoup de paroles amères et de commentaires désagréables. La tortue en fut convulsée de rire et resta un bon moment à s'esclaffer.

Le festin devait avoir lieu le lendemain. À l'heure dite, sur ordre de la sultane, les innombrables esclaves du palais allèrent se mettre en rangs sur les marches pour faire honneur aux trois princesses.

Alors, peu après la prière, on vit s'élever au loin un nuage de poussière. Toute l'assistance attendait de voir surgir les princesses en magnifique équipage. Or, à la stupeur générale, on aperçut au milieu de ce nuage impressionnant une oie énorme qui courait à toute vitesse, le cou tendu, les ailes battantes, et portant sur son dos la première princesse; celle-ci s'agrippait au cou de l'animal, toute ballottée et la figure retournée de frayeur! Galopant derrière elle et soulevant la poussière, arrivait un bouc énorme, tout cornu et barbu, chevauché tant bien que mal par la deuxième princesse, malgré ruades et cabrioles!

En voyant cette étrange cavalcade, le sultan et son épouse écarquillèrent les yeux; ils se regardèrent, mortifiés par ce spectacle ridicule et inconvenant. Le sultan s'adressa à ses belles-filles d'une voix tremblante de colère, leur demandant si, non contentes d'avoir voulu l'empoisonner, elles voulaient maintenant l'outrager en présence de son peuple et de ses dignitaires. Accablées de reproches, les deux épouses essayaient de reprendre leur souffle et de remettre de l'ordre dans leur toilette. Et l'on ne sait trop comment les choses auraient tourné si l'on n'avait annoncé à cet instant le cortège de la troisième princesse, la tortue. Le sultan et sa femme se voilèrent les yeux, pleins d'appréhension. À quel équipage saugrenu fallait-il s'attendre de la part de la tortue si ses deux belles-sœurs étaient venues l'une sur une oie, l'autre sur un bouc? Et ils invoquèrent Allah en attendant cette nouvelle calamité!

Cependant, on vit d'abord apparaître une suite de hérauts, magnifiquement vêtus, qui faisaient ranger la foule et annonçaient l'arrivée de l'épouse du prince Shater Mohammad. Après les hérauts défilèrent quarante gardes aux tuniques splendides, criant:

— Place à la fille des rois!

Enfin parut un immense palanquin à dorures,

porté sur les épaules de quarante esclaves noirs de haute taille. La litière fut déposée au bas des marches et il en sortit une jeune femme d'une beauté et d'une élégance prodigieuses, mais que personne ne reconnut. Le sultan et sa femme s'attendaient à voir descendre du palanquin, en se dandinant, la tortue; mais comme la litière s'éloignait et que la jeune femme radieuse montait seule les marches, ils comprirent que ce n'était pas une dame d'honneur, mais bien l'épouse de leur fils! Et le cœur du vieux sultan se gonfla de joie! Il fit le meilleur accueil du monde à la princesse, ébloui par sa beauté, son élégance et ses belles manières. Comme le moment était venu de se rendre au festin, le sultan invita ses fils et leurs épouses à prendre place autour de lui. Et le repas commença.

Il fut somptueux; ce n'était que pigeons et poulets rôtis, ragoûts épicés, pâtés de viande, brochettes et autres mets savoureux. Le premier plat servi était un riz onctueux et parfumé.

Alors, avant que personne, pas même le sultan, n'ait eu le temps d'y plonger les doigts, la belle princesse souleva le plateau et le renversa sur sa tête!

Mais la stupéfaction fit place à un émerveillement sans bornes lorsqu'on vit les grains de riz se changer en perles coulant en cascades le long des cheveux soyeux de la princesse! Et avant que l'assistance fût revenue de ce prodige, la princesse souleva une grande soupière contenant ce délicieux potage d'herbes vertes que l'on appelle «mouloukhia», et la renversa sur sa tête. Alors la mouloukhia devint un ruissellement d'émeraudes qui mêlèrent leurs feux à la blancheur irisée des perles, en un spectacle merveilleux! Tous et toutes étaient éblouis, à l'exception de Shater Mohammad, qui souriait modestement, et de ses deux belles-sœurs, rongées de jalousie; elles ne cessaient de hausser les épaules et de marmonner que c'était là des tours de passe-passe bien faciles. Aussi, dès que les serviteurs eurent apporté d'autres plateaux de riz et d'autres soupières, elle se saisirent l'une d'un plateau de riz, l'autre d'une soupière et se les renversèrent sur la tête pour égaler leur belle-sœur. Hélas pour elles, ne s'étant pas avisées qu'il fallait être fée pour réussir ce genre d'exploit, et n'étant fée ni l'une ni l'autre, le riz resta riz sur leur tête et la mouloukhia resta mouloukhia.

À ce spectacle lamentable et grotesque, toute l'assistance s'esclaffa bruyamment, à l'exception du sultan, au comble du dégoût. Il leur ordonna de se lever à l'instant même, de disparaître de sa vue et de ne jamais se représenter devant lui!

Elles durent obéir et s'en allèrent en compagnie de leurs époux vexés qui se demandaient d'où leur étaient venues des idées aussi extravagantes!

Shater Mohammad et son épouse la fée restèrent seuls avec le sultan. Il les serra sur son cœur, disant qu'ils étaient ses vrais enfants, et voulut que son fils régnât avec lui sur le trône, avant d'hériter du royaume.

Et pour ne plus être tentée de se métamorphoser en tortue, la fée envoya sa petite servante chercher la carapace de l'animal qu'elle avait laissée à la maison, et la brûla solennellement. Désormais, elle garda toujours son apparence de princesse et tous vécurent heureux, avec la grâce de Dieu.

ABOU KIR
ET ABOU SIR

Il est raconté — mais Allah est le plus savant ! — qu'il y avait autrefois deux hommes qui vivaient en Égypte dans la ville d'Alexandrie, que l'on appelle en arabe Al Iskandaria. L'un était teinturier, et s'appelait Abou Kir, l'autre était barbier et s'appelait Abou Sir.

Leurs boutiques étaient l'une à côté de l'autre dans le souk.

Or, le teinturier Abou Kir était fort habile dans son métier, mais c'était également un personnage vil et sans scrupules, qui avait une audace incroyable. Entre autres procédés malhonnêtes, il avait l'habitude de faire payer ses clients d'avance sous prétexte qu'il avait besoin d'argent pour acheter ses teintures. Mais il s'arrangeait pour ne jamais rendre l'étoffe, en donnant à son propriétaire les raisons les plus variées. Par exemple, quand un client venait rechercher son bien, le teinturier Abou Kir s'exclamait :

— Par Allah ! Je n'ai pas eu le temps, ma femme a accouché et j'ai dû courir toute la journée à droite et à gauche !

Ou bien :

— J'ai eu des invités à la maison et je n'ai même pas eu le temps de sortir de chez moi tant j'ai été occupé par mes devoirs d'hospitalité ! Reviens dans deux jours à l'aube !

Et ainsi de suite. Et il ne pouvait pas rendre les étoffes reçues, même sans les avoir teintes, car il allait les vendre au souk ! Et il dépensait l'argent qu'on lui remettait d'avance, car il ne pensait qu'à ses plaisirs. Quand un client exaspéré se fâchait et réclamait son tissu séance tenante, Abou Kir prenait un air affligé et levait les bras au ciel en poussant des gémissements à fendre l'âme :

— Par Allah ! s'écriait-il. Je suis au désespoir ! Il faut que tu saches que ton étoffe était précisément terminée ! Elle était magnifique et je l'avais mise à sécher, bien tendue sur des cordes devant ma boutique, quand j'ai dû absolument m'absenter un instant. Et voilà qu'à mon retour l'étoffe avait disparu, volée ! Tu te rends compte ? Et va savoir par qui ! Je me demande même si ce n'est pas mon voisin, ce barbier calamiteux, qui ne voit jamais rien !

Beaucoup de clients, hommes tranquilles et gens

de bien, ennemis des disputes, s'en allaient simplement en pensant : «Allah me dédommagera un jour ou l'autre!»

Mais tous ne l'entendaient pas ainsi; certains, ulcérés, parlaient d'arracher la barbe du teinturier s'il ne les remboursait pas et l'on en venait aux coups sur la place publique, au milieu de l'attroupement général. Mais c'était peine perdue, en dépit même de l'autorité du cadi, car les preuves manquaient toujours. D'un autre côté, il n'y avait pas grand-chose à saisir dans la boutique du teinturier pour dédommager la victime.

Seulement, Abou Kir ayant ainsi dupé l'un après l'autre tous les habitants du quartier et tous les marchands du souk, il finit par perdre sa clientèle et sa boutique restait obstinément vide. Son nom était passé en proverbe pour désigner un homme de mauvaise foi. Abou Kir, se voyant réduit à la misère, alla s'asseoir devant la boutique de son voisin le barbier, la mine allongée, et lui dit qu'il n'avait plus qu'à mourir de faim.

Le barbier Abou Sir était un homme droit et compatissant, malgré sa très grande pauvreté. Il plaignit le teinturier d'être encore plus pauvre que lui, disant :

— Le voisin doit aider le voisin! Reste donc chez moi, mange et bois en attendant des jours meilleurs!

Ce que le teinturier accepta sans façon. Et cela dura un certain temps. Et puis, un matin, le barbier Abou

Sir se plaignit amèrement au teinturier Abou Kir de la dureté des mœurs et de l'époque.

— Vois-tu, mon frère, lui dit-il, je ne suis pas un barbier maladroit, au contraire, je n'écorche jamais mes clients en leur rasant le crâne ou le menton. Et pourtant, comme je suis pauvre et que ma boutique est celle d'un pauvre, presque personne ne vient se faire raser chez moi ! C'est à peine si le matin quelque portefaix ou quelque chauffeur de four à chaux encore plus pauvre que moi vient me trouver ! Et c'est avec ces malheureuses pièces de cuivre, que les pauvres donnent au pauvre, que nous parvenons à manger, moi, ma famille et toi. Enfin ! Allah est grand !

Ce à quoi Abou Kir répondit :

— Tu es vraiment naïf, mon frère, d'endurer si patiemment la misère alors que nous pourrions nous enrichir selon nos mérites ! Toi, tu es dégoûté de ton art qui ne te rapporte rien, et moi je suis empêché d'exercer le mien par la malveillance des gens. Il ne nous reste qu'une solution : quitter ensemble ce pays cruel et partir à la recherche d'une autre ville où l'on saura reconnaître nos talents. Voyager, c'est s'instruire, respirer le bon air et, quand on possède d'aussi nobles métiers que les nôtres, généralement reconnus chez tous les peuples et dans tous les pays, c'est la fortune et les honneurs assurés ! Voyageons, mon frère, voyageons !

Et son discours fut si éloquent qu'Abou Sir voulut

à l'instant même fermer sa boutique, embrasser sa famille et partir en voyage. Il fit donc ses préparatifs: il enveloppa dans un vieux morceau de toile ses rasoirs, son cuir à aiguiser, son bassin de barbier, son savon, ses ciseaux et quelques autres ustensiles. Puis, ayant fait ses adieux à sa famille, il revint dans la boutique où l'attendait Abou Kir. Le teinturier lui dit:

— Il ne nous reste plus qu'à réciter ensemble la fatiha qui est au début du Coran, pour nous prouver que nous sommes devenus frères et nous engager à partager ce que nous aurons gagné, en revenant à Iskandaria! De même, nous devons jurer de nous soutenir: celui qui trouvera de l'ouvrage subviendra aux besoins de celui qui n'aura rien gagné.

Abou Kir approuva ces conditions, et ils récitèrent ensemble la fatiha. Après quoi, le barbier ferma sa boutique. Il remit la clef au propriétaire et lui paya scrupuleusement le loyer.

Les deux hommes prirent le chemin du port et trouvèrent un navire en partance. Ils s'embarquèrent sans provisions, car ils n'avaient pas un sou.

Or, Abou Sir s'aperçut que, sur les cent quarante personnes que comptait le navire, passagers et équipage, il était le seul barbier. Aussi, dès que le navire eut gagné la pleine mer, il dit à son ami le teinturier:

— Maintenant, mon frère, il faut que nous trouvions à manger et à boire sur ce bateau! Je vais essayer d'offrir mes services aux passagers et aux marins;

peut-être l'un ou l'autre aura-t-il besoin de moi, et, au lieu de me faire payer en argent, je demanderai de quoi manger.

— Très bonne idée! répondit Abou Kir.

Et il s'étendit sur le pont, la tête sur son sac, et s'endormit.

Pendant ce temps, Abou Sir prit ses instruments, une tasse d'eau, jeta sur son épaule le torchon usé qui lui servait de serviette et se mit à circuler parmi les passagers.

L'un d'eux ne tarda pas à le héler:

— O barbier! Viens me couper les cheveux!

Le barbier lui coupa les cheveux avec beaucoup de légèreté malgré les mouvements du navire, et le client, très satisfait, voulut lui donner de l'argent. Mais le barbier lui dit:

— Eh, mon frère! Que pourrais-je faire de cet argent en pleine mer? Si tu voulais plutôt me donner une galette, je t'en serais reconnaissant, car mon compagnon et moi, nous n'avons rien à manger!

Le passager lui donna donc une galette; il y ajouta un morceau de fromage et remplit la tasse d'eau à son outre. Abou Sir prit le tout et revint auprès d'Abou Kir qui ouvrit un œil.

— Tiens! lui dit-il, prends cette galette et ce morceau de fromage!

Abou Kir mangea le pain et le fromage et but la tasse d'eau. Le barbier reprit son matériel et parcourut le navire, rasant et coupant les cheveux des uns et des autres. Si bien qu'à la fin de la journée sa recette se montait à trente galettes, quinze drachmes, une grande quantité de fromage, des olives, des concombres, des tranches de pastèque et des œufs de poissons séchés.

Le lendemain, il en fut de même. Sa bonne humeur et son habileté l'avaient rendu si populaire que le bruit en parvint aux oreilles du capitaine. Celui-ci voulut absolument se faire couper les cheveux. Abou Sir le fit bien volontiers et, tout en travaillant, se plaignit du sort amer qui l'accablait, lui et son compagnon. Comme le capitaine était un homme généreux et qu'il avait apprécié la légèreté de main du barbier, il lui dit :

— Sois le bienvenu ! Viens dîner tous les soirs à ma table avec ton compagnon ! Et n'ayez plus de souci ni l'un ni l'autre tant que durera le voyage !

Le barbier alla donc trouver le teinturier qui, selon son habitude, dormait sur le pont. Il le réveilla. Abou Kir, voyant devant lui une telle quantité de victuailles, s'écria, émerveillé :

— Mais d'où vient tout cela ?

— De la munificence d'Allah ! répondit Abou Sir en riant. Mais gardons ces vivres en cas de nécessité. Pour le moment, nous sommes invités tous les deux à la table du capitaine tant que durera le voyage !

— Il n'y a pas de capitaine qui tienne ! répliqua

Abou Kir. Je suis épuisé par le mal de mer! Va donc dîner tout seul avec le capitaine, moi je vais manger un peu de ces provisions!

— Comme tu voudras! dit Abou Sir.

Et Abou Kir attaqua la nourriture! Il mordait et mastiquait les morceaux comme l'ouvrier qui abat les blocs de pierre dans la carrière, ou l'éléphant à jeun depuis des jours et des jours; les yeux écarquillés, il engloutissait et déglutissait avec des borborygmes et des gargouillements, les bouchées à peine enfournées se poussant pour faire descendre les précédentes, dans une ruée sans fin.

Là-dessus, un marin vint dire au barbier que le capitaine l'attendait pour dîner, lui et son compagnon.

— Moi, dit Abou Kir, je n'ai pas la force de marcher, vas-y tout seul!

Le barbier s'en alla et trouva le capitaine assis par terre sur le pont devant une vaste nappe sur laquelle se trouvaient bien une vingtaine de plats différents. On n'attendait plus que lui pour commencer, car d'autres personnes du bord étaient aussi invitées.

— Et ton camarade? lui demanda le capitaine. Il ne vient pas?

— Il a le mal de mer! répondit le barbier.

— Ce n'est pas grave! Ce vertige lui passera comme à tout le monde. Assieds-toi là et commençons!

Et il remplit une grande assiette de sept ou huit plats de toutes les couleurs, avec tant de générosité qu'il y en avait pour dix personnes! Quand le barbier eut fini de manger, le capitaine lui donna une seconde assiette en lui disant :

— Voilà pour ton compagnon!

Abou Sir remercia le capitaine et alla porter l'assiette à Abou Kir. Celui-ci achevait de moudre avec ses crocs ce qui restait des provisions gagnées dans la journée, travaillant des mâchoires comme un chameau glouton.

— Je t'avais pourtant dit de ne pas te fermer l'appétit avec nos provisions! dit Abou Sir, regarde ce que le capitaine t'envoie!

— Donne! grogna Abou Kir.

Et il fondit sur le plat qu'il se mit en devoir de nettoyer avec la voracité du vautour et la férocité du loup. Abou Sir ramassa l'assiette vide, la rendit, puis retrouva le capitaine avec qui il resta un moment. Enfin, il retourna se coucher auprès d'Abou Kir qui ronflait plus fort que le vent.

Le lendemain et les jours suivants, Abou Sir continua à raser les hommes du bord; il dînait chaque soir avec le généreux capitaine et, avec ce qu'il avait gagné en victuailles, nourrissait le teinturier. Celui-ci ne se réveillait que pour manger et se recouchait aussitôt après. Cela dura près de trois semaines : le matin du vingt et unième jour, le navire rentra dans le port d'une ville inconnue. Abou Sir et Abou Kir débarquèrent et se rendirent à un grand caravansérail, où on leur loua un petit logement. Le barbier le meubla d'une natte neuve et de deux couvertures de laine achetées au souk. Puis, ayant pourvu à tous les besoins du teinturier qui continuait à se plaindre du mal de mer, il le laissa endormi et s'en alla par la ville exercer son métier. Portefaix, âniers, balayeurs, et même un ou deux commerçants se laissèrent attirer par sa mine engageante. Le soir, en rentrant au caravansérail, il réveilla son compagnon en lui faisant humer des brochettes d'agneau.

Et il en fut ainsi pendant quelque temps, car Abou Kir se plaignait toujours d'un reste de mal de mer qui l'empêchait, disait-il, de se lever.

Deux fois par jour, à midi et le soir, Abou Sir apportait l'argent et les vivres que lui avait procurés son travail. Et le teinturier engloutissait sans scrupules galettes, oignons frais, concombres et brochettes d'agneau, sans que son inlassable estomac en soit jamais incommodé.

Le barbier avait beau lui vanter la beauté sans pareille de la ville, et l'inviter à venir se promener dans le souk ou dans les jardins, le teinturier répondait invariablement :

— Le vertige marin me tient encore la tête !

Et, après avoir émis divers bruits de diverses qualités, il se rendormait sans souci du lendemain. Le bon barbier Abou Sir se gardait bien, par délicatesse, de faire le moindre reproche à son compagnon.

Cependant, au bout de quarante jours, le barbier se sentit subitement fort mal et se coucha. Le lendemain, il ne put se lever. Il pria alors le portier de subvenir aux besoins de son compagnon. Mais, au bout de quelques jours, l'état du barbier empira au point qu'il resta étendu sur sa couverture, prostré et comme mort.

Abou Sir ne pouvant pourvoir à l'entretien du teinturier, Abou Kir ne tarda pas à ressentir la morsure de la faim. Oubliant subitement son vertige de la mer, il se leva et chercha de tous côtés quelque chose à se mettre sous la dent. Mais il avait déjà tout nettoyé et ne trouva rien. Alors il se pencha sur son compagnon malade et découvrit la bourse qui contenait le gain de la traversée et de quarante jours de travail. Il la mit à sa ceinture et, totalement indifférent au sort du barbier, sortit en fermant le loquet. Et comme le portier était chez un voisin, personne ne le vit sortir ni ne sut où il allait.

Or, le premier soin d'Abou Kir fut d'entrer chez un pâtissier où il s'offrit un plateau entier de gâteaux au miel, puis un autre de petits sablés. Et, pour faire passer le tout, il but une carafe de sorbet au jujube et une autre de sorbet au musc. Après quoi, il dirigea ses pas vers le souk des marchands et s'acheta de superbes vêtements. Attifé comme un prince, il se promena à pas lents dans les rues de la ville inconnue, s'émerveillant de tout.

Au bout d'un certain temps, il observa une chose étrange : tous les habitants de la ville étaient habillés des mêmes tissus et des mêmes couleurs. Il n'y avait que du bleu et du blanc, pas autre chose. Même dans les boutiques, il n'y avait que du bleu et du blanc. Chez les parfumeurs, même chose : du blanc et du bleu; et du bleu et du blanc chez les tailleurs; chez les marchands de glaces, les sorbets étaient blancs, et dans les rues, les yeux des femmes étaient maquillés de bleu!

Mais quand Abou Kir vit le souk des teinturiers, il atteignit le comble de la stupéfaction : il n'y avait que des tissus de couleur bleue! Alors, il n'y tint plus de curiosité et entra dans la boutique d'un teinturier. Il tira de sa poche un mouchoir blanc et demanda à l'homme de l'art :

— Salut, ô maître du métier! Combien me demanderais-tu pour teindre ce mouchoir? Et en quelle couleur?

Le maître teinturier répondit :

— Pour un mouchoir de cette taille, disont vingt drachmes. Quant à la couleur, elle sera bleue, évidemment!

Abou Kir faillit tomber à la renverse en entendant cette somme exorbitante et s'écria :

— Quoi? Vingt drachmes pour teindre un petit

mouchoir ? Et en bleu ? Mais dans mon pays on me demanderait une demi-drachme, tout au plus !

— Dans ce cas, répondit le maître teinturier, va donc le faire teindre dans ton pays. Mais ici, il ne t'en coûtera pas moins de vingt drachmes ! Un point, c'est tout !

— Admettons ! reprit Abou Kir. Mais alors teins-le moi en rouge !

— En rouge ? demanda le maître teinturier, qu'est-ce que c'est ?

— Alors en vert !

— Je n'ai jamais entendu parler de teinture verte !

Et Abou Kir obtint la même réponse pour toutes les couleurs de l'arc-en-ciel. Il demanda si les autres teinturiers de la ville étaient aussi ignorants que lui.

— Ignorants ? répondit le maître teinturier, offusqué. Sache que nous sommes quarante maîtres teinturiers réunis en corporation. Notre art se transmet de père en fils depuis des siècles et, pour nous, il n'existe aucune autre teinture que la teinture bleue !

— Écoute, maître du métier, reprit Abou Kir d'un ton plus conciliant, moi aussi je suis teinturier dans mon pays, et je sais teindre les étoffes en une infinité de couleurs ! Prends-moi donc à ton service, je t'enseignerai mon art, et tu pourras te glorifier de ta science devant tous tes confrères !

— Impossible ! s'exclama le maître teinturier, d'abord je ne te crois pas, et ensuite nous ne pouvons pas accepter d'étrangers dans notre corporation!

— Dans ce cas je me mettrai à mon compte!

— C'est hors de question! Nous sommes quarante, pas un de plus pas un de moins! Telle est la règle de notre corporation!

Abou Kir se rendit alors chez un autre teinturier, puis chez un troisième, un quatrième, et chez les autres teinturiers de la ville; tous lui firent les mêmes réponses et aucun ne voulut le prendre ni comme maître ni comme apprenti!

Indigné et ulcéré, Abou Kir se rendit au palais et demanda à voir le roi.

— O roi du temps! lui dit-il, je suis étranger dans cette ville et teinturier de ma profession. Je sais teindre les étoffes en quarante couleurs différentes! Et pourtant, les teinturiers de ta ville, qui ne savent teindre qu'en bleu, n'ont voulu de moi ni comme maître ni comme apprenti, alors qu'entre mes mains les tissus deviennent carmin, vermillons, grenat, mauves, amarante! Vert feuille, vert olive, vert pistache, vert perroquet! Noir charbon, noir goudron ou noir de khôl! Jaune cédrat, jaune-orange, jaune d'or, jaune citron, jaune safran et tant d'autres nuances!

À l'énumération de ces couleurs extraordinaires dont il n'avait jamais entendu parler, le roi s'émerveilla et dit:

— Par Allah! C'est stupéfiant! Si tu dis vrai, teinturier, si tu connais vraiment le secret de ce prodige, chasse toute crainte de ton esprit! Je vais te faire ouvrir moi-même une teinturerie et te fournir le capital! Et ne redoute rien des membres de la corporation: si l'un d'eux s'avisait de te menacer, je le ferais pendre devant sa boutique!

Le roi fit appeler ses architectes et leur dit:

— Accompagnez ce maître admirable! Parcourez avec lui la ville, et lorsqu'il aura trouvé un endroit à sa convenance, quel qu'il soit, chassez-en le propriétaire et bâtissez aussitôt une grande teinturerie avec quarante grandes cuves et quarante petites. Et agissez en toutes choses selon les indications de ce maître teinturier!

Puis le roi fit cadeau à Abou Kir d'une robe neuve, d'une bourse de mille dinars et de deux jeunes garçons pour le servir, ainsi que d'un superbe cheval, avec une selle de velours bleu et une housse de soie de même couleur. Enfin, en attendant la construction de la teinturerie, il mit à sa disposition une grande maison richement meublée, servie par de nombreux esclaves.

Ainsi Abou Kir, à cheval et somptueusement paré, avait-il autant d'allure qu'un émir!

Le lendemain, Abou Kir parcourut la ville à cheval, escorté des deux architectes du roi et précédé de deux grands diables de gardes armés de bâtons qui écartaient la foule. Il finit par choisir une immense boutique fraîche et voûtée, juste au milieu du souk.

Aussitôt, les gardes en délogèrent le propriétaire; les architectes se mirent à démolir d'un côté, à bâtir de l'autre. Abou Kir, du haut de son cheval, donnait ses ordres. En un rien de temps, il fit construire une teinturerie qui n'avait pas sa pareille dans le monde.

— Maintenant, dit le roi, il s'agit de mettre l'entreprise en route. Je te donne cinq mille dinars d'or comme mise de fonds pour tout le nécessaire, et dépêche-toi, car j'ai hâte de voir tout ce que tu m'as promis.

Abou Kir mit de côté les cinq mille dinars et se rendit chez les droguistes de la ville. Il acheta son matériel pour une très petite somme, car les sacs de teintures de toutes les couleurs étaient restés fermés au fond des boutiques : comme on ne savait teindre qu'en bleu dans la ville, personne n'en avait voulu.

Chez lui, Abou Kir prépara et délaya ses couleurs dans les grandes cuves et dans les petites. Le roi lui envoya cinq cents pièces d'étoffes blanches, de lin, de laine et de soie. Abou Kir se mit au travail, teignant les unes en tons purs, d'autres en nuances composées; il n'y en avait pas deux pareilles! Puis il tendit des cordes dans la rue pour les faire sécher, et ce fut vraiment un ravissement, car les couleurs s'avivaient au soleil.

Devant ce spectacle inconnu, les habitants de la ville poussèrent des cris émerveillés. Il en accourait de toute part et l'on ne se lassait pas de demander à Abou Kir :

— O maître teinturier! Comment s'appelle cette couleur-ci? Et cette couleur-là? Et cette autre?

Le teinturier répondait inlassablement :

— C'est du rouge écarlate! Là du jaune serin! Ici, «terre d'ombre»!

À ce moment, le roi, accompagné de ses dignitaires, fut annoncé par les crieurs qui écartaient la foule. À la vue de ces étoffes aux couleurs innombrables qui flottaient au vent, il resta saisi d'admiration, retenant son souffle. Même les chevaux de l'escorte parurent charmés et caracolèrent de contentement.

Le roi, ne sachant comment honorer Abou Kir, le fit monter à cheval à sa droite et, ayant fait ramasser les étoffes, il reprit le chemin du palais où il combla le teinturier de présents, de privilèges et d'or. Après quoi, il donna l'ordre de tailler dans les merveilleuses étoffes des robes d'apparat pour lui-même, pour ses femmes et pour les dignitaires du palais. Il fit remettre au teinturier mille nouvelles pièces de tissu blanc, avec mission de les teindre aussi merveilleusement. Si bien qu'en peu de temps, tous les personnages de la Cour eurent des robes chatoyantes. Et comme les commandes continuaient d'affluer, Abou Kir, nommé teinturier du roi, fut bientôt l'homme le plus riche de la ville.

Quant aux autres teinturiers, ils vinrent bien humblement, chef de la corporation en tête, présenter leurs excuses à Abou Kir et le prier de les accepter comme apprentis sans salaire. Mais il refusa leurs excuses et les renvoya honteux.

Dans toute la ville, on ne voyait plus que des gens vêtus des étoffes bariolées préparées par Abou Kir, teinturier du roi.

Cependant, après le départ d'Abou Kir, Abou Sir le barbier était resté trois jours sans connaissance. Au bout de ce temps, le portier finit par s'étonner de ne voir jamais rentrer ni sortir les deux compagnons.

«Seraient-ils partis à la sauvette, se demanda-t-il, sans payer le prix de la location? Sont-ils morts? Ou bien leur est-il arrivé quelque chose?»

Il trouva la porte du logement fermée, la clef de bois dans la serrure. Croyant entendre un gémissement dans la pièce, il ouvrit et découvrit le malheureux Abou Sir étendu sur le sol, tout jaune et méconnaissable.

— Qu'as-tu, mon frère? demanda le brave portier, inquiet, pourquoi gémis-tu de la sorte? Et qu'est devenu ton compagnon?

— Allah seul le sait! répondit Abou Sir d'une voix éteinte. Je viens seulement d'ouvrir les yeux et je ne sais pas depuis quand je suis ici! Mais j'ai bien soif, ô mon frère; je te prie de prendre la bourse qui est à ma ceinture, et d'aller bien vite m'acheter de quoi me soutenir.

Mais le portier eut beau retourner la ceinture dans tous les sens, il n'y trouva pas la bourse et comprit que le barbier avait été volé par son compagnon.

— Cela ne fait rien! dit-il à Abou Sir, Allah traitera chacun selon ses actions. Pour le moment, je vais m'occuper de toi.

Il alla aussitôt préparer un bouillon réconfortant dont il apporta une écuelle fumante au malade. Il l'aida à le boire et l'enveloppa dans une couverture de laine pour le faire transpirer. Et, tout le temps que dura la maladie d'Abou Sir, le portier agit de même, dépensant sans compter. Au bout de deux mois, Abou Sir put enfin se lever.

— Si jamais Allah le permet, dit-il au portier, je saurai te prouver ma reconnaissance!

Et ils se quittèrent en appelant l'un sur l'autre toutes les bénédictions possibles.

C'est ainsi que, chargé de ses instruments, Abou Sir se dirigea vers le souk. La destinée l'attendait, car ses pas le menèrent justement du côté de la teinturerie d'Abou Kir; la foule se pressait devant pour admirer les étoffes qui claquaient au vent sur les cordes.

— Pourquoi ce grand rassemblement? demanda le barbier à un badaud.

— Comment? s'écria celui-ci, tu ne connais pas la boutique du seigneur Abou Kir, le teinturier du roi? C'est lui qui teint les étoffes merveilleuses que tu vois ici! Ah! C'est un très grand maître!

À ces mots, Abou Sir se réjouit vivement pour son ancien compagnon en pensant:

«Allah est généreux qui lui a ouvert les portes de la fortune! J'ai eu tort de penser du mal de lui: s'il m'a délaissé, c'est parce qu'il avait trop de travail! Et s'il a pris ma bourse, c'est parce qu'il n'avait rien pour acheter ses couleurs! Mais, dès que j'aurai réussi à le voir, il se souviendra des bontés que j'ai eues pour lui quand il était dans le besoin. Comme nous allons nous réjouir!»

Et, en fendant la foule, il parvint à l'entrée de la

teinturerie. Là, il vit Abou Kir, étendu sur un grand divan garni de coussins, le dos contre une pile de coussins, le bras gauche sur un coussin, le bras droit sur un coussin, les deux pieds sur un coussin, habillé d'une robe éclatante, et éventé par huit jeunes esclaves aux costumes précieux. Des ouvriers s'affairaient à exécuter les ordres qu'il leur donnait d'un simple geste. Car il y avait longtemps qu'Abou Kir ne travaillait plus lui-même aux cuves. Abou Sir fit un pas en avant : «Je vais attendre qu'il me voie, pensa-t-il, et alors je le saluerai. Peut-être même va-t-il me saluer le premier et se jeter à mon cou!» Et il souriait à cette pensée.

Alors leurs regards se croisèrent et le teinturier bondit en criant:

— Ah! Voleur! Ah! Scélérat! Combien de fois t'ai-je défendu de t'arrêter devant ma boutique? En voilà assez! Holà, vous autres! Saisissez cet infâme!

Les ouvriers et les esclaves accoururent et s'emparèrent du malheureux barbier qu'ils renversèrent brutalement sur le sol. Abou Kir prit un bâton et ordonna:

— Maintenez-le à plat ventre!

Et il lui assena sur le dos cinquante coups de bâton, avant de lui en infliger cinquante autres sur le ventre. Puis il le chassa en vociférant :

— Voilà pour toi, misérable gredin! Et si jamais tu reparais ici, je t'amènerai devant le roi qui te fera écorcher! Disparais, et qu'Allah te maudisse!

Le pauvre barbier, tout endolori et le cœur brisé, reprit en se traînant le chemin du caravansérail, poursuivi par la foule montée contre lui.

Il passa la nuit à se retourner sur sa natte, accablé et gémissant de douleur. Le lendemain, la souffrance s'étant apaisée, il se leva et sortit pour aller au hammam, le bain public. Il voulait s'y délasser et s'y laver entièrement, car la maladie l'avait empêché de faire ses ablutions. Il demanda donc au premier passant :

— Pardon, mon frère, peux-tu m'indiquer le chemin du hammam ?

— Du quoi ? répondit le passant, qu'est-ce que c'est que le hammam ?

— Mais le hammam, voyons ! s'écria Abou Sir, étonné. L'endroit où l'on se lave et où l'on se détend merveilleusement !

— Ah, tu veux dire la mer ? C'est dans la mer qu'on se baigne !

— Mais non, dit Abou Sir, je veux me baigner au hammam, pas dans la mer !

— Écoute, grogna le passant, je ne sais ce que tu appelles le hammam. Ici, tout le monde va se baigner dans la mer, le roi lui-même va se baigner dans la mer quand il veut se laver !

Plusieurs réponses de cette sorte firent comprendre au barbier que le hammam était chose inconnue ici, et il alla tout pensif prendre un bain de mer.

Après quoi, il se dirigea vers le palais du roi et

demanda une audience. Le roi la lui accorda. Le barbier se prosterna devant lui et parla en ces termes:

— O roi du temps! Je suis étranger et barbier de mon état. Mais je connais également l'art de chauffer les hammams et de masser le corps, même si, dans mon pays, ce sont là des métiers séparés, que l'on pratique toute sa vie. Or, j'ai voulu ce matin aller au hammam et, à ma grande surprise, j'ai constaté qu'il n'en existait pas; personne ne semblait même savoir ce que c'était! Il est vraiment extraordinaire qu'une ville aussi belle que la tienne ne possède pas de hammam, car c'est le paradis sur la terre!

Le roi, intrigué, demanda :

— Mais que peut bien être le hammam, étranger? J'avoue être comme mes sujets : je n'ai jamais entendu parler de cet ustensile!

— Ce n'est pas un ustensile, roi, répondit Abou Sir, mais un établissement où l'on élimine toutes les impuretés du corps par des bains de vapeur, des bains froids et des bains chauds, par des massages et toutes sortes de soins qui procurent un bien-être que tu ne peux imaginer!

Et il lui décrivit avec tant de détails et d'enthousiasme les joies du hammam que le roi, au comble de la curiosité, s'écria:

— Sois le bienvenu dans mon royaume et dans ma ville, fils de gens de bien!

Il lui donna une superbe robe d'honneur et reprit :

— Tout ce dont tu as besoin te sera accordé, mais hâte-toi de construire un hammam, je suis impatient d'en profiter!

Il lui octroya sur-le-champ un logement, un cheval et plusieurs esclaves, et ordonna à ses architectes de l'accompagner, tout comme il l'avait fait pour le teinturier, en disant :

— Bâtissez un hammam selon ses indications sur l'emplacement qu'il choisira!

Abou Sir parcourut la ville avec les architectes et désigna un terrain convenable. Sur ses indications, on éleva les murs, on disposa les conduites d'eau et les chaudières. Puis on décora les murs de marqueteries de marbres, de carreaux de faïence aux motifs entrelacés et de toutes sortes d'ornements précieux. Enfin, Abou Sir fit installer les bassins, le plus grand en albâtre, les deux autres en porphyre rouge et vert. Et il alla trouver le roi.

— Le hammam est presque prêt, lui dit-il, il ne manque plus que les fournitures!

Le roi lui remit cinq mille dinars d'or avec lesquels le barbier acheta des serviettes de lin et de soie, des essences précieuses, des parfums, musc, aloès, benjoin, encens... le tout en abondance. Il ne manquait plus qu'une dizaine de jeunes gens vigoureux pour l'aider dans son travail. Aussitôt, le roi lui en envoya vingt, auxquels Abou Sir apprit le métier. Lorsqu'ils furent aussi experts que lui-même dans l'art du massage et du lavage, il fixa le jour de l'inauguration et prévint le roi.

Ce matin-là, il fit chauffer un feu d'enfer dans les chaudières pour avoir de l'eau à plusieurs températures, et brûler l'aloès et l'encens pour parfumer l'atmosphère. L'eau jaillit dans les fontaines avec un doux murmure. C'était un véritable enchantement. Le roi parut avec ses vizirs et ses émirs. Il s'arrêta, subjugué, et s'écria :

— Qu'est cela ?

— C'est le hammam, ô roi, répondit Abou Sir, mais tu n'es encore que dans l'antichambre !

Et il conduisit le roi dans la première salle, sur l'estrade de marbre tiède. Il le déshabilla, l'enveloppa entièrement de grandes serviettes, lui passa aux pieds de hautes sandales de bois et l'introduisit dans la deuxième salle. Celle-ci était pleine de vapeur et le roi se mit à transpirer abondamment. Alors, aidé par les jeunes gens, il le frictionna avec des gants de crin, éliminant tant d'impuretés de la peau du roi que celui-ci n'en crut pas ses yeux. Ensuite, il le lava, le rinça et le fit descendre dans un bassin rempli d'eau parfumée à la rose. Quand le roi se fut bien délassé dans l'eau tiède, il le sécha, et lui teignit les ongles des mains et des pieds avec du henné, ce qui leur donna une magnifique couleur rouge.

Le roi se sentait devenir léger comme un oiseau et respirer par tous les éventails de son cœur. Mais quelles ne furent pas ses délices quand les garçons se mirent à le masser avec tant de science et de douceur qu'il crut devenir un luth ou une guitare! Et il se sentait l'énergie d'un lion!

Le massage terminé, le roi fut invité à se rafraîchir avec les sorbets à la neige. Il s'écria:

— Est-ce donc cela le hammam, maître barbier?

— C'est cela même, ô roi du temps! répondit Abou Sir.

— Jamais je ne me suis senti si vigoureux! Par Allah, ma ville n'est vraiment devenue une ville que depuis la construction de ton hammam! Et à combien estimes-tu le prix d'un bain comme celui que je viens de prendre?

— Cela, répondit le barbier, c'est au roi lui-même d'en décider!

— Eh bien, je fixe le prix d'un tel bain à mille dinars! Pas moins!

Et, à l'instant, il fit compter mille dinars, ajoutant:

— Désormais, tu feras payer la même somme à tous ceux qui viendront se baigner dans ton hammam!

— C'est que, objecta Abou Sir, tous les gens ne sont pas égaux! Il y a des riches et il y a des pauvres! Si je voulais prendre mille dinars à chacun pour un bain, il n'y aurait pas grand-monde au hammam et je n'aurais plus qu'à fermer!

— Que veux-tu faire, alors? demanda le roi.

— Ce sera à chacun selon ses moyens, répondit Abou Sir. Et les pauvres donneront ce qu'ils pourront.

Les émirs et les vizirs approuvèrent Abou Sir, disant :

— Il dit vrai, ô roi ! Car tout le monde ne peut faire comme toi !

Le roi répondit :

— Je n'ai fait que remplir mon devoir et traiter avec munificence un étranger, un pauvre qui a doté notre ville d'un si merveilleux hammam. Puisque vous ne pouvez pas payer mille dinars pour un bain, aujourd'hui vous lui en donnerez cent et ajouterez un esclave, un serviteur et une adolescente. Ensuite, vous ferez comme il l'entend, selon votre fortune et votre générosité !

Les dignitaires acceptèrent bien volontiers et prirent leur bain au hammam. Or, comme ce jour-là ils étaient quatre cents, Abou Sir reçut d'eux quarante mille dinars, quarante esclaves blancs, quarante serviteurs noirs et quarante adolescentes. Et le roi lui fit encore don de mille dinars, de dix esclaves blancs, de dix jeunes garçons noirs et de dix belles adolescentes.

Abou Sir, couvert d'or et de cadeaux, se prosterna aux pieds du roi et lui dit :

— O souverain juste et généreux qui me combles de tes bienfaits, où pourrai-je loger une telle abondance de jeunes gens et de jeunes filles ?

— Je ne te les ai fait donner que pour te rendre vraiment riche si un jour tu veux rentrer chez toi et mettre ta famille à l'abri du besoin !

— Qu'Allah te maintienne dans la prospérité, ô roi du temps, mais tous ces esclaves, c'est bon pour les grands de ce monde ! Un homme comme moi n'en a pas besoin pour manger le pain et le fromage avec sa famille ! De plus, cette armée n'aurait pas tardé à me dévorer tout mon gain !

— J'avoue qu'ils sont un peu nombreux, dit le roi. Eh bien, si tu veux, je te les rachète chacun cent dinars !

Abou Sir accepta. Le roi racheta donc les cent cinquante esclaves et, en souverain fastueux, les rendit aussitôt à leurs anciens propriétaires.

Abou Sir, devenu riche, passa une partie de la nuit à ranger son or dans des sacs qu'il cacheta soigneusement. Le lendemain, il fit annoncer par toute la ville que le nouveau hammam serait gratuit pendant trois jours. Et, pendant trois jours, une foule énorme se présenta pour prendre un bain au désormais célèbre « Hammam du Roi ».

Le matin du quatrième jour, Abou Sir cessa de raser, de masser et de donner des bains lui-même : il s'installa à l'entrée derrière la caisse et perçut les recettes, dont le montant était laissé à la générosité ou aux possibilités de chacun à sa sortie du bain. Le soir venu, la caisse était pleine, et il en fut de même les jours suivants. C'est ainsi qu'Abou Sir, le pauvre d'entre les pauvres, commença à accumuler l'immense fortune que lui réservait la destinée.

Pendant ce temps, la reine, qui avait entendu parler par son mari des délices du hammam, résolut d'essayer à son tour et en fit prévenir Abou Sir. Celui-ci, soucieux de lui plaire et d'acquérir également la clientèle féminine, décida que, à l'avenir, la matinée serait réservée aux hommes et l'après-midi aux femmes, une intendante tenant la caisse. La reine fut si charmée des agréments du hammam qu'elle décida de s'y rendre tous les vendredis après-midi; elle ne fut pas moins généreuse que le roi, lequel venait tous les vendredis matin et payait à chaque fois mille dinars d'or.

Cependant, tout en gagnant une quantité d'argent prodigieuse, Abou Sir n'en devenait pas plus arrogant, ni moins modeste, ni moins honnête. Il continua comme par le passé à se montrer affable et souriant avec tout le monde, généreux avec les pauvres dont il ne voulait pas recevoir d'argent. Et cette générosité lui sauva la vie, comme il est dit dans la suite de cette histoire.

Un jour, un capitaine de navire, qui se trouvait à court d'argent, vint se baigner. Il prit un bain délicieux, fut séché avec des serviettes parfumées au musc et rafraîchi de sorbets à la neige, tout cela sans rien débourser. Et comme Abou Sir l'avait raccompagné à la porte avec tous les égards possibles, le capitaine se jura bien de l'en remercier à la première occasion. On verra comment il tint parole.

Cependant, le teinturier Abou Kir entendit parler du merveilleux hammam dont s'entretenait avec admiration toute la ville. Il voulut en profiter à son tour, revêtit ses plus beaux habits, enfourcha sa plus belle mule et se dirigea vers le hammam avec son escorte.

En entrant, il vit derrière la caisse son ancien compagnon Abou Sir, dodu et souriant; il eut quelque peine à le reconnaître, tant les creux de son visage s'étaient remplis, et tant il avait bonne mine. Stupéfait et furieux à la fois, il n'en dissimula pas moins ses sentiments; il s'avança vers le barbier et lui dit d'un air désolé :

— Abou Sir, mon ami ! Est-ce là la conduite d'un camarade ? Tu ne sais pas que je suis devenu le teinturier du roi et l'un des personnages les plus importants de la ville ? Pourquoi n'as-tu jamais pris de mes nouvelles ? Moi qui t'ai fait chercher par mes esclaves dans tous les quartiers et dans tous les souks, sans résultat !

Abou Sir hocha la tête avec tristesse et lui répondit :

— Abou Kir ! Aurais-tu par hasard oublié le traitement que tu m'as fait subir quand je suis précisément venu te voir, les coups de bâton que tu m'as donnés, et la façon dont tu as ameuté la foule contre moi en me traitant de voleur et de canaille ?

— Comment ? s'écria Abou Kir, cet homme que j'ai battu, c'était donc toi ?

— Naturellement, c'était moi !

Abou Kir jura mille serments qu'il ne l'avait absolument pas reconnu; il était si maigre et si jaune qu'il l'avait pris pour un certain voleur du quartier, d'où sa terrible erreur !

— Mais aussi, pourquoi n'as-tu pas crié tout de suite « Je suis Abou Sir » ? Quelle affreuse méprise, quels regrets ! Me pardonnes-tu, au moins, au nom d'Allah ?

— Allons ! Qu'Allah te pardonne, Abou Kir ! répondit le barbier. C'était sans doute écrit dans notre destinée et l'on ne peut rien contre elle ! Entre donc, déshabille-toi et réjouis-toi du bain !

Il le conduisit lui-même dans les salles et s'occupa de lui, le lava, le frotta, le massa, tout en lui racontant de quelle façon il avait acquis la faveur du roi. Chacun s'étonnait des égards qu'il avait pour le teinturier, pensant qu'un tel traitement était réservé au roi. Après les sorbets, Abou Kir s'apprêta à payer, mais Abou Sir ne voulut pas en entendre parler :

— Allons, ne sommes-nous pas comme des frères ? lui dit-il. Et n'avons-nous pas récité la fatiha ensemble ?

— Soit ! répondit le teinturier, mais en échange, laisse-moi te donner un conseil. Ton hammam est admirable, c'est un fait. Pourtant, il lui manque quelque chose pour qu'il atteigne la perfection!

— Quoi donc? fit Abou Sir, étonné.

— La pâte épilatoire! J'ai remarqué que, lorsque tu as fini de raser tes clients, tu te sers du même rasoir ou d'une pince à épiler pour les autres parties du corps. Or, je connais la recette d'une pâte extraordinaire qui fait tomber les poils sans douleur!

— Quelle excellente idée! s'exclama Abou Sir. Peux-tu me donner cette recette?

— Voici : prends de l'arsenic et de la chaux vive, que tu pétriras avec un peu d'huile d'olive. Ajoute du musc pour enlever l'odeur désagréable et enferme la pâte dans un pot! Tu verras combien le roi sera ravi quand il verra ses poils tomber tout seuls, et sa peau blanche apparaître en dessous!

Abou Sir remercia le teinturier. Celui-ci, à peine sorti, courut au palais du roi et demanda une audience qui lui fut tout de suite accordée. Il s'adressa au roi en ces termes:

— Je viens à toi en conseiller des mauvais jours, ô roi du temps! Loué soit Dieu qui t'a sauvegardé jusqu'ici de cet ignoble individu, de ce conspirateur, de cet ennemi du trône et de l'islam, de cet infâme Abou Sir, maître du hammam!

— Que veux-tu dire? demanda le roi, intrigué.

— Sache, reprit Abou Kir en roulant des yeux terribles, que si par malheur tu entrais à nouveau dans le hammam, tu y trouverais la mort!

— Mais, comment? fit le roi, stupéfait.

— Par le poison! souffla le teinturier avec un geste théâtral. Ce méchant homme, je l'ai appris par hasard, a préparé à ton intention une pâte épilatoire à base d'arsenic et de chaux vive. Il t'en vantera les mérites et te proposera de faire tomber les poils de tes oreilles et de ton nez avec cette pâte. Oh! Certes! Cela fera tomber tes poils, mais en même temps tu seras empoisonné sur l'heure et par la voie la plus douloureuse! Car ce maître du hammam n'est rien d'autre qu'un espion du roi des chrétiens, envoyé ici pour t'arracher la vie! Et moi, je me suis hâté de venir t'avertir, car je te dois beaucoup!

À ces mots, le roi sentit la peur et l'indignation envahir son âme. Et il dit au teinturier:

— J'irai dès demain matin au hammam m'assurer de ce que tu avances, avec mon vizir. Quant à toi, n'en dis rien à personne!

Le lendemain matin, le roi se rendit au hammam avec son vizir et une solide escorte. Abou Sir l'accueillit, l'introduisit dans la salle réservée et voulut le déshabiller. Mais le roi lui demanda de commencer par son vizir. Alors, Abou Sir frictionna, lava, massa le vizir qui était poilu comme un vieux bouc.

Après quoi, le barbier dit au roi:

— O roi du temps! Je connais une pâte épilatoire merveilleuse qui fait tomber les poils sans douleur! Plus besoin de pince ni de rasoir!

— Très bien ! dit le roi, essaie-donc cette pâte sur mon vizir !

Abou Sir prit dans le pot un peu de pâte préparée et en enduisit le poignet velu du vizir, pour faire un essai. L'effet en fut prodigieux, les poils tombant à l'instant même. Le roi, persuadé qu'il s'agissait d'un poison violent, lança d'une voix terrible :

— Arrêtez ce misérable !

Les gardes se précipitèrent sur Abou Sir, muet de saisissement, l'emmenèrent au palais et le jetèrent au cachot.

Le roi fit appeler le capitaine du port et lui donna ses ordres :

— Tu vas prendre le traître appelé Abou Sir, tu l'enfermeras dans un grand sac de chaux vive et tu jetteras le tout à la mer sous les fenêtres de mon palais. Ainsi, ce misérable mourra de deux morts à la fois, noyé et brûlé !

— J'écoute et j'obéis ! répondit le capitaine.

Or, ce capitaine du port était précisément celui qui avait été reçu au hammam par Abou Sir. Il alla donc chercher celui-ci dans son cachot et le mena au port. Là, il le fit embarquer sur un bateau de pêcheurs et le conduisit en secret sur une île voisine.

— Raconte-moi ton affaire avec le roi, lui dit-il. Je n'oublie pas ce que je te dois, et je veux te rendre le bien pour le bien.

— Par Allah, mon frère, répondit Abou Sir, je te

jure que je n'ai jamais fait le moindre mal ni mérité pareil châtiment !

— Alors, c'est qu'un ennemi t'aura nui dans l'esprit du roi. Tout homme riche et honoré fait des envieux animés de mauvaises intentions. Pour le moment, ne crains rien; tu es en sécurité dans cette île. Passe ton temps à pêcher. Moi je vais faire semblant de te mettre à mort devant le palais.

Abou Sir se confondit en remerciements. Le capitaine le quitta, prit un grand sac de chaux vive, et longea les fenêtres du roi qui donnaient sur la mer.

Le roi était justement à son balcon, pour veiller à l'exécution de ses ordres. Quand le navire fut en face de lui, il fit un geste de la main : le capitaine jeta le sac à la mer. Mais, en donnant le signal, le roi perdit l'anneau qu'il portait au doigt et le vit tomber dans les flots !

Cet anneau d'or n'était autre qu'un talisman enchanté qui lui donnait toute sa puissance : grâce à lui, il maintenait en respect le peuple et l'armée. En effet, si le roi voulait mettre à mort un coupable, il n'avait qu'à lever le doigt qui portait le talisman, et aussitôt jaillissait de l'anneau un éclair qui renversait raide mort le coupable, en lui faisant sauter la tête ! Aussi le roi garda le secret le plus profond sur cette perte irréparable, pensant qu'il lui serait bien difficile de garder très longtemps l'autorité absolue qu'il avait sur ses sujets.

Pendant ce temps, pour se distraire, Abou Sir s'était mis à pêcher. Après avoir jeté à la mer le filet que lui avait donné le capitaine, il attendit un moment, le tira et le trouva plein de poissons de toutes les formes et de toutes les couleurs.

— Par Allah ! se dit le barbier, il y a longtemps que je n'ai mangé de poisson. Quand les deux garçons de cuisine viendront chercher ma pêche de la part du capitaine, je leur demanderai de me faire frire le plus beau !

En effet, le capitaine du port avait aussi la charge de fournir la cuisine du roi en poisson frais. Ce jour-là, il avait confié ce soin à Abou Sir, lui signalant que deux garçons de cuisine viendraient prendre livraison de sa pêche.

En attendant ces derniers, Abou Sir voulut préparer lui-même le poisson le plus gros et le plus beau. Il tira son couteau de sa ceinture et ouvrit le ventre du poisson pour le vider. Mais quelle ne fut pas sa surprise de trouver, enfilé sur la pointe du couteau, un superbe anneau d'or ! C'était le talisman du roi, que le poisson avait avalé. Le barbier, qui ne pouvait le savoir, se réjouit de sa découverte, nettoya l'anneau et le passa à son doigt.

À ce moment, les deux cuisiniers vinrent chercher le poisson; du plus loin qu'ils virent Abou Sir, ils lui crièrent :

— Holà ! Pêcheur ! N'as-tu pas vu le capitaine

du port, qui nous livre tous les jours le poisson du roi? Où est-il?

— Il est parti par là! répondit obligeamment Abou Sir en tendant la main dans la direction d'où venaient les deux cuisiniers.

Aussitôt, un éclair jaillit de l'anneau et les têtes quittèrent les épaules des deux garçons qui s'effondrèrent sans vie. Le barbier fut déconcerté et plus encore effrayé.

— Qu'est-ce qui a bien pu faire sauter la tête de ces deux malheureux? se demanda-t-il, et il commençait à craindre que des génies malfaisants ne fussent cachés dans les environs. Mais, au même instant, le capitaine parut sur le rivage; voyant les deux cadavres sans tête et l'anneau d'or qui brillait au doigt d'Abou Sir, il comprit immédiatement. S'abritant d'un bond derrière un rocher, il cria au barbier:

— O mon frère! N'étends surtout pas la main vers moi, sinon je suis mort! Garde tes bras pendants, de grâce!

Abou Sir, de plus en plus étonné, resta immobile et laissa le capitaine s'approcher. Celui-ci l'embrassa en lui disant:

— Décidément, tout homme porte sa destinée attachée à son cou, et la tienne est infiniment supérieure à celle de notre roi! Raconte-moi comment tu es entré en possession de cet anneau, je te dirai ensuite à quoi il sert!

Abou Sir raconta l'histoire du poisson et des cuisiniers.

Le capitaine, émerveillé, s'écria :

— Maintenant, tu n'as plus rien à craindre, c'est la vie du roi qui est en danger ! Sur un geste de toi, sa tête sautera de ses épaules !

Il ramena Abou Sir au port sur son bateau de pêcheurs et l'introduisit auprès du roi.

Celui-ci tenait conseil, entouré de ses vizirs et de ses émirs. D'humeur sombre, à cause de la perte de son anneau, il ne pouvait la révéler à personne sous peine de ruiner tout son prestige. Aussi, voyant Abou Sir et le capitaine, il n'eut pas le moindre doute sur l'existence d'un terrible complot, et s'écria :

— Ah ! Misérable ! Comment as-tu fait pour échapper à la mort et n'être ni noyé ni brûlé ?

Abou Sir baisa la terre entre ses mains et répondit :

— Allah est le plus grand, ô roi du temps !

Il lui raconta brièvement comment il avait été sauvé par le capitaine en reconnaissance d'un bain gratuit et termina en disant :

— Et maintenant, je viens te rendre ton anneau de puissance, par gratitude pour les bienfaits dont tu m'as comblé et pour te prouver que si j'avais eu des intentions criminelles, il m'eût été facile de faire sauter ta tête de tes épaules, d'exterminer mes ennemis et de me faire roi à ta place ! En échange, je te supplie d'examiner à nouveau et de me faire connaître ce

crime dont je suis accusé; j'accepterai le châtiment si vraiment je suis reconnu coupable!

Abou Sir retira l'anneau de son doigt et le rendit au roi. Celui-ci le remit aussitôt avec de grands soupirs de soulagement, sentant son âme rentrer dans son corps et ses esprits se revivifier.

— Abou Sir, dit-il, ému, tu es la fleur des gens de bien ! Je te prie de ne pas me blâmer et de me pardonner le mal que j'ai pu te causer : en vérité, un autre que toi ne m'aurait jamais rendu cet anneau de puissance !

— O roi du temps ! La seule récompense que j'en demande, c'est de savoir enfin de quoi je suis accusé !

— À quoi bon ? fit le roi, je suis maintenant persuadé que tu as été calomnié. Mais puisque tu désires le savoir, c'est le teinturier Abou Kir qui est à l'origine de tout.

Et il lui rapporta les accusations du teinturier au sujet de la pâte épilatoire et comment il avait voulu le faire passer pour un espion du roi des chrétiens.

Abou Sir répondit, les larmes aux yeux :

— O roi ! De ma vie je n'ai vu de chrétien et je n'ai jamais foulé le sol du pays des chrétiens !

Il raconta au roi ses aventures depuis le jour où il avait quitté sa pauvre boutique du souk en compagnie du teinturier, comment tous deux s'étaient engagés sur la fatiha à s'entraider, puis tous les tours que lui avait joués le teinturier, la bastonnade qu'il avait subie, enfin la recette de la pâte épilatoire qu'il lui avait donnée.

— Cette pâte remarquable, ajouta-t-il, n'est un poison que si on l'avale ! Quant aux preuves de ce que j'avance, ô roi, tu n'auras qu'à faire appeler le portier du caravansérail où je logeais, qui est un homme de bien, et les ouvriers de la teinturerie, et tu sauras si j'ai dit la vérité!

Par souci de justice, le roi fit appeler ces témoins, qui confirmèrent tous les paroles d'Abou Sir. Alors, il ordonna à ses gardes:

— Arrêtez immédiatement le teinturier Abou Kir!

Et les gardes en armes envahirent le magasin du teinturier. Ils le trouvèrent assis à savourer ses plaisirs, rêvant sans doute à la mort d'Abou Sir. Ils le traînèrent nu-pieds et en chemise, les mains liées derrière le dos, jusqu'au palais du roi.

Quand Abou Kir vit, entourant le roi, Abou Sir bien vivant, les apprentis de la teinturerie et le portier du caravansérail, il comprit qu'il était perdu. Le regardant avec sévérité, le roi lui dit:

— Tu ne peux nier que ce soit là ton ancien compagnon, le pauvre d'entre les pauvres, que tu as volé, maltraité, abandonné, battu, chassé, calomnié et fait condamner à mort!

Les apprentis teinturiers et le portier s'écrièrent:

— C'est la vérité! Par Allah, nous en sommes témoins!

— Parfait, dit le roi, que tu nies ou avoues, ton châtiment est écrit par le destin! Gardes! Prenez-le par les pieds et promenez-le ignominieusement à travers la ville! Ensuite, enfermez-le dans un grand sac de chaux vive et jetez-le à la mer, afin qu'il meure brûlé et noyé!

— O roi du temps, s'écria le barbier, fais-lui grâce!

— Pas de grâce! dit le roi. Qu'on exécute mes ordres!

Les gardes s'emparèrent du teinturier; ils le traînèrent par les pieds à travers toute la ville en criant ses méfaits, puis l'enfermèrent dans un grand sac de chaux vive et jetèrent le sac à la mer. Ainsi, Abou Kir mourut noyé et brûlé en même temps!

Alors, le roi, voulant dédommager Abou Sir, lui accorda tout ce qu'il souhaiterait.

— Je ne demande qu'une chose, répondit le barbier, c'est de retourner dans mon pays; je ne veux plus rester ici, et je désire revoir les miens.

Le roi en fut attristé, car il voulait nommer le barbier grand vizir à la place du vieux bouc poilu, mais il respecta le souhait d'Abou Sir. Il lui fit préparer un magnifique navire chargé de toutes les richesses que le maître du hammam avait acquises.

— Tu ne veux vraiment pas devenir mon grand vizir? demanda-t-il encore quand le bateau fut prêt à lever l'ancre.

— Non, roi du temps, je veux revoir mon pays!

Le roi n'insista pas et le navire mit à la mer dans la direction d'Iskandaria, avec Abou Sir et tous ses biens.

Le voyage se déroula sur une mer calme, et ils arrivèrent à Iskandaria sans incident. À peine avaient-ils débarqué qu'un des esclaves aperçut sur la plage un grand sac que la mer avait rejeté. Et, quand on l'ouvrit, on y découvrit le cadavre d'Abou Kir, que les courants avaient entraîné jusque-là! Abou Sir le fit enterrer sur le rivage et lui éleva un monument funéraire.

Telle fut la fin d'Abou Kir, et les débuts d'Abou Sir dans une vie délivrée de tout souci. Depuis lors, le rivage où avait échoué le cadavre du teinturier fut appelé la baie d'*Aboukir*!

Gloire à Celui qui vit dans l'éternité et dont la volonté fait suivre leur cours aux jours de l'hiver et de l'été!

LES SEPT VOYAGES DE SINDBAD LE MARIN

Il est raconté — mais Dieu est le plus savant — qu'il y avait jadis, au temps du calife Haroun Al-Rachid, un riche marchand de la ville de Bagdad que l'on connaissait sous le nom de Sindbad le Marin. Il vivait dans un palais magnifique, entouré de sa famille et d'innombrables serviteurs. Et le calife écoutait volontiers ses avis, car c'était un homme d'expérience.

Un jour qu'il avait réuni ses amis à sa table, il céda à leurs demandes et consentit à leur raconter ses voyages. Il commença en ces termes :

Premier voyage

Sachez, vous tous, seigneurs illustres qui m'écoutez, que j'avais pour père un marchand, l'un des principaux de Bagdad. Il possédait de nombreuses richesses qu'il distribuait largement aux pauvres, selon les commandements de Dieu, ce qui ne l'empêcha pas, à sa mort, de me laisser des biens considérables.

J'étais encore très jeune à cette époque, et, dès que j'eus hérité de cette fortune, je me mis à la dépenser sans compter, mangeant des plats extraordinaires, buvant des boissons rares et m'habillant avec luxe, tout cela au milieu des festins et des réjouissances! Tant et si bien qu'au bout de quelque temps, j'avais tout dilapidé et ne possédais plus rien.

Comme je commençais à perdre tous mes amis, je me remémorai amèrement ces paroles du grand roi Soliman Ben-Daoud, que mon père répétait souvent : «Le jour de la mort est préférable au jour de la naissance; mieux vaut un chien vivant qu'un lion mort, et la tombe vaut mieux que la misère». Hélas! Si je l'avais écouté!

Je réunis les quelques biens qui me restaient et les fis vendre aux enchères pour une faible somme. Je consacrai le produit de cette vente à acheter diverses marchandises, car il m'était venu à l'idée de pratiquer le commerce maritime, comme l'avait fait mon père, malgré les dangers que cela représente. J'embarquai donc mes marchandises sur un navire en partance pour des contrées lointaines et où se trouvaient déjà d'autres négociants. Ainsi, à la grâce de Dieu, je vis s'éloigner Bagdad. Nous descendîmes le fleuve jusqu'à la ville de Bassorah, sur la mer Rouge.

De là, le navire fit voile vers la haute mer, et pendant des jours et des jours nous courûmes l'océan d'île en île, de mer en mer. Chaque fois que nous abordions une côte inconnue, nous autres marchands nous descendions à terre et commercions avec les gens de l'endroit, de façon très profitable.

C'est ainsi que nous vîmes un jour se lever sur l'horizon une île qui nous parut merveilleuse, toute couverte d'arbres et d'herbe verte. Nous accostâmes, emportant avec nous de quoi faire la cuisine. Les uns allumèrent du feu et préparèrent le repas tandis que d'autres, dont moi, préféraient visiter l'île, qui semblait déserte.

M'étant un peu éloigné de mes compagnons, je revenais vers le camp quand je sentis soudain le sol s'agiter sous mes pieds avec une telle force que je fis un bond en l'air et retombai sur le dos. Croyant à un tremblement de terre, j'entendis au même instant le capitaine qui criait de toutes ses forces à l'avant du navire :

— Marchands ! Sauvez-vous ! Laissez vos ustensiles et remontez à bord ! Ce n'est pas une île, c'est une baleine ! Une immense baleine ! Vite !

Les autres marchands, épouvantés, s'enfuirent en toute hâte et beaucoup réussirent à regagner le navire. Mais d'autres, dont j'étais, n'en eurent pas le temps, car la baleine s'était mise en mouvement. Elle devait dormir depuis si longtemps à la surface des eaux que la poussière et les graines portées par le vent marin s'étaient accumulées sur son dos et avaient formé de la végétation. Le feu que nous avions allumé l'avait réveillée ! Après quelques bonds épouvantables, elle s'enfonça dans la mer où tous ceux qui n'avaient pas pu rejoindre le bord se trouvèrent précipités.

À peine revenu à la surface, j'eus la chance de mettre la main sur un grand baquet de bois que nous avions apporté pour faire la lessive, et je m'y cramponnai. Je parvins même à me hisser dessus et à avancer en battant des pieds.

Mais c'était peine perdue ! Le capitaine avait fait larguer toutes les voiles et le navire disparut à l'horizon. J'étais perdu en mer. Je demeurai dans cette terrible situation une nuit et un jour entier. Le soir du deuxième jour, les courants me poussèrent vers une île escarpée, mais couverte de plantes grimpantes semblables à des lianes, qui pendaient le long de la falaise. Malgré ma faiblesse, je pus saisir ces lianes et me hisser jusqu'au sommet, où je me laissai tomber, à bout de forces. Je dus m'évanouir, car les rayons du soleil, qui me brûlaient les épaules, me réveillèrent. J'étais dans un état pitoyable, couvert de meurtrissures ; mes pieds étaient gonflés et endoloris, non pas tant à la suite de mon bain prolongé qu'à cause des morsures de poissons.

En me traînant sur les genoux, je parvins à une petite plaine fertile traversée par une source et où

poussaient des arbres fruitiers. Je me fabriquai des espèces de béquilles pour m'aider à marcher, et me reposai là plusieurs jours.

Quelque temps après, je me sentis assez vigoureux pour explorer l'île au-delà de la petite plaine. À travers les arbres, j'aperçus vers le rivage quelque chose qui m'intrigua beaucoup.

Redoutant tout d'abord quelque monstre de la mer, je m'enhardis malgré tout et avançai lentement à l'abri des rochers et des buissons. Enfin, je reconnus tout simplement un cheval, ou plutôt une jument. Une jument absolument merveilleuse, comme je n'en avais jamais vu de semblable. Mais, fait étrange, elle était attachée à un piquet sur la plage. J'allai m'approcher davantage quand un hurlement m'arrêta. Je voulus m'enfuir au plus vite, mais un homme de bonne mine surgit de sous terre, me sembla-t-il, et courut vers moi en criant:

— Qui es-tu? D'où viens-tu? Que fais-tu ici?

Je lui racontai mes aventures, et lui me prit par la main, me plaignit et me dit de le suivre. Il me conduisit dans une grotte, où plutôt une demeure souterraine, ce qui expliquait sa soudaine apparition. Il me fit asseoir et m'apporta très obligeamment à manger, ce qui me fit le plus grand bien. Prodigieusement intéressé par mon histoire, il voulut l'entendre une nouvelle fois. À mon tour, je lui demandai:

— Ne me blâme pas, ô maître, de ma question, mais je voudrais savoir pourquoi tu habites une demeure souterraine et pourquoi cette jument est au piquet sur la plage?

Il me répondit :

— Sache que nous sommes sur cette île les gardiens des chevaux du roi Mihrajan. Tous les mois, à la nouvelle lune, chacun de nous amène sur le rivage une jument de pure race qu'il y attache. Alors un cheval marin émerge des vagues et veut emmener la jument. Mais comme elle est attachée, il ne peut y parvenir. On chasse alors le cheval marin qui retourne à la mer et, plus tard, la jument enfante un poulain qui n'a pas son pareil dans le monde. Comme c'est aujourd'hui même que doit venir le cheval marin, demain je ramènerai la jument, et tu m'accompagneras. Je te présenterai au roi et te ferai connaître notre pays.

Et moi, je répondis «Béni soit Dieu!» car, sans cet excellent gardien de juments, je serais mort d'épuisement dans la solitude.

Je vis alors le cheval marin sortir de la mer. C'était un animal extraordinaire, avec une tête et une encolure splendides. Un roi eût été fier de le posséder, malgré la longue queue de serpent de mer qu'il avait en guise d'arrière-train. Il tourna un moment autour de la jument et voulut la prendre, mais le gardien accourut à grands cris avec une torche, si bien que le cheval marin, effrayé, retourna dans les vagues.

Le lendemain, tous les gardiens de chevaux se réunirent et me donnèrent une monture pour les accompagner à la capitale. Le roi me fit très bon accueil et voulut entendre le récit de mes aventures; il en fut émerveillé. Pour me témoigner sa bienveillance, il me nomma capitaine du port, charge qui était vacante, et de plus greffier des arrivées et des départs de bateaux. Quelque temps après, j'étais devenu son ami. Il m'accordait une telle confiance qu'il sollicitait mon avis sur toutes choses.

Un jour, un navire arriva dans le port, un grand navire de marchands arabes. Comme c'était ma charge, je montai à bord dès qu'il eut jeté l'ancre et j'allai trouver le capitaine pour inscrire sa cargaison; je notais tous les ballots au fur et à mesure que les matelots les déchargeaient. Quand ce fut fini, je demandai au capitaine :

— Est-ce tout ?

— Pas entièrement, me répondit-il, il y a encore dans la cale quelques marchandises, mais elles ne sont là qu'en dépôt : elles appartenaient à un marchand qui était avec nous et qui s'est noyé. Nous serions d'ailleurs désireux de vendre ces marchandises pour en rapporter le prix à sa famille qui habite Bagdad, la cité paisible.

Et moi, regardant fixement le capitaine, je lui demandai :

— Comment s'appelait ce marchand ?

— C'était un certain Sindbad le Marin !

— Mais je suis Sindbad le Marin ! m'écriai-je.

— Cela prouve qu'il n'y a plus de bonne foi chez personne ! répliqua sévèrement le capitaine, pas même chez les capitaines de port! Comment oses-tu te faire passer pour lui? Sindbad s'est noyé sous mes yeux! Mais puisque tu prétends être Sindbad le Marin, dis-moi donc comment tu as eu la vie sauve!

Je lui racontai l'histoire de la baleine et mes aventures : convaincu, le capitaine finit par me reconnaître — car plusieurs années s'étaient écoulées depuis que j'avais été jeté à la mer — et me remit les ballots de marchandises qui portaient encore mon cachet. J'en vendis la plus grande partie au souk à l'exception de quelques objets précieux que j'offris au roi Mihrajan pour le remercier de ses bontés. Désirant retourner dans ma patrie, je pris congé de lui. Les merveilleux cadeaux qu'il me fit à cette occasion se trouvent encore autour de vous dans cette salle. J'emportai aussi une cargaison de parfums et de bois précieux, encens, aloès, camphre, santal, que produisait en abondance cette île lointaine.

Voilà comment je revins à Bassorah, puis à Bagdad, sur le navire même à bord duquel j'étais parti. Je retrouvai tous les miens et mes désirs furent comblés.

Si vous revenez dîner avec moi demain, vous tous qui m'écoutez, je vous raconterai mon deuxième voyage.

Le lendemain soir, tout le monde étant réuni, Sindbad le Marin reprit son récit.

Deuxième voyage

En vérité, je jouissais de mille félicités, lorsqu'un jour je ressentis dans mon âme cette espèce de nostalgie qui est l'appel du voyage. Je fis aussitôt mes préparatifs et me rendis au souk. J'y achetai une grande quantité de marchandises, car j'étais redevenu presque aussi riche qu'à la mort de mon père. Puis je chargeai les ballots liés de cordes sur un navire dont l'aspect solide et l'équipage résolu m'inspira confiance.

C'est le cœur plein d'espérance que nous vîmes s'éloigner les coupoles de la belle Bagdad au fur et à mesure que nous descendions le fleuve vers Bassorah. Le détroit passé, nous nous lançâmes à travers l'océan Indien, naviguant d'île en île et de port en port. Et partout nous vendions, nous achetions avec d'immenses bénéfices. Un jour, nous aperçûmes une île dont personne ne connaissait le nom, mais qui nous parût fort belle et agréablement couverte de forêts.

En y abordant, nous vîmes qu'elle était effectivement délicieuse, abondante en sources, embaumée de fleurs et plantes, d'arbres fruitiers, mais absolument déserte. Chacun se promena, but aux sources, admira les oiseaux et les fleurs, moi comme les autres. Ayant mangé quelques fruits, fatigué de ma promenade, je m'étendis un moment. J'ignore ce qui se passa pendant mon sommeil, mais, à mon réveil, le navire était parti ! Je me retrouvai seul sur l'île. Cette découverte me laissa pétrifié de terreur. Cependant, comme mes regrets et mes larmes ne servaient à rien, je finis par me résigner provisoirement à ma destinée.

À force de scruter le paysage, il me sembla distinguer dans le lointain, à travers les arbres, quelque chose de blanc et d'immense qui m'intrigua beaucoup. Je descendis en hâte de l'arbre sur lequel j'étais monté pour examiner l'île et me dirigeai prudemment vers l'objet mystérieux. Je marchai longtemps. Enfin, à la lisière de la forêt, je vis la chose de près. C'était un dôme. Oui, un immense dôme blanc et lisse, parfaitement régulier, d'une hauteur prodigieuse. Il paraissait taillé dans un seul bloc de marbre blanc. Je ne pus découvrir la moindre trace de mortier entre les pierres. Mais, comme j'en faisais le tour, je fus encore plus déconcerté par l'absence totale de porte. J'essayai de grimper sur le dôme, mais il n'offrait aucune prise. Alors que je cherchais le moyen de pénétrer dans cette étrange construction, le ciel se couvrit tout à coup. Je levai aussitôt la tête, étonné par la présence de nuages en cette saison et sous ces latitudes, et je fus rempli d'épouvante ! Ce n'était pas un nuage qui cachait le soleil, c'était un oiseau ! Le volatile le plus gigantesque, le plus effrayant que j'eusse jamais vu ! Je me souvins de récits que j'avais entendus, dans ma jeunesse, de la bouche de marins ou de voyageurs, où l'on parlait d'un oiseau fabuleux nommé « rokh », et qui était capable d'enlever un éléphant entre ses serres. J'en conclus que ce que j'avais pris pour un dôme n'était autre que l'œuf de ce rokh ! À peine avais-je formulé cette pensée que l'immense créature se posa sur l'œuf géant; les ailes étendues, elle se mit en devoir de le couver. Puis, les deux pattes repliées, elle s'endormit sur son œuf.

En proie à la panique, je m'étais jeté à plat ventre et, blotti contre l'œuf, je tremblais de tous mes membres. Mais, comme je me trouvais juste à côté d'une des pattes de l'oiseau, aussi grosse qu'un tronc d'arbre, il me vint une idée. Je défis mon turban, le tordis comme une corde et m'en entourai la taille; puis je liai l'autre extrémité à une griffe du rokh. Car, me disais-je, ce monstre finira bien par quitter son œuf et se posera quelque part, où je pourrai regagner une contrée habitée par des hommes. Je ne pouvais y être plus mal qu'ici !

L'oiseau dormit sans se soucier de moi plus que d'une puce. Quant à moi, je ne pus fermer l'œil de la nuit. Au lever du jour, le rokh s'éveilla et s'ébroua. Puis, avec un glapissement effroyable, il prit lourdement son vol, abandonnant son œuf à la chaleur du soleil. Un instant plus tard, j'étais suspendu par mon turban entre ciel et terre ! Brusquement, l'oiseau plongea vers le sol, sans que j'aie pu juger de la distance parcourue. Il se posa sur un rocher; je me hâtai

de défaire le nœud qui me reliait à sa patte et me recroquevillai derrière les pierres. Un instant plus tard, le rokh battit des ailes et s'éleva de nouveau dans les airs. Il tenait entre ses serres une créature qui se débattait et je vis qu'il s'agissait d'un immense serpent noir !

Bientôt, l'oiseau et sa proie disparurent derrière l'horizon. Soulagé, je regardai autour de moi, mais je restai saisi d'effroi : je me trouvai en effet au milieu d'un grand ravin environné de montagnes si hautes et si escarpées que, pour en distinguer le sommet, je devais renverser la tête en arrière. Il était absolument inutile de tenter la moindre ascension! Par ailleurs, je n'aperçus aucune rivière, aucune source, ni rien qui pût apaiser ma faim! Très abattu, je fis quelques pas pour explorer le ravin et, à ma grande stupéfaction, je constatai que la plupart des cailloux qui jonchaient le sol n'étaient autre que des diamants, les plus beaux que j'eusse jamais vus! Les rochers eux-mêmes étaient d'énormes blocs de diamant, parfois plus hauts que moi! Je commençai à m'intéresser à cette source inépuisable de fortune — le cœur de l'homme est ainsi fait — quand j'aperçus les gardiens de ces richesses. C'était d'énormes serpents noirs et venimeux comme celui qu'avait emporté le rokh, et ils grouillaient par centaines, glissant au milieu des diamants pour rentrer dans leur tanière, car, avec le lever du jour, ils devaient craindre leurs ennemis les rokhs.

Je m'éloignai avec la plus extrême prudence, gémissant en mon cœur de ma mauvaise fortune, et me demandant ce que j'allais devenir. Épuisé par le manque de nourriture, je m'assis lourdement à l'ombre d'un rocher de diamant et regardai autour de moi d'un œil morne. Soudain, j'entendis un sifflement, et je vis s'écraser sur le sol avec fracas... un gros morceau de viande. Puis un autre!

Je me rappelai alors ce que certains marchands

m'avaient jadis raconté : les indigènes de la «montagne de Diamants», ne pouvant descendre dans une vallée inaccessible, avaient recours à un moyen singulier pour se procurer les pierres précieuses. Ils tuaient des moutons, les découpaient, et en précipitaient les quartiers dans le ravin. En s'écrasant au sol, ces pièces de viande retenaient un certain nombre de diamants qui s'y incrustaient. Alors, des rokhs et des grands aigles venaient s'abattre pour profiter de l'aubaine et enlevaient la viande entre leurs serres pour nourrir leurs petits. Aussitôt, les chercheurs de diamants effrayaient les oiseaux avec de grands cris et des torches; les rapaces laissaient tomber la viande et il n'y avait plus qu'à récolter les diamants incrustés.

Cela me suggéra une idée pour sortir de ce ravin infernal qui pouvait bien devenir mon tombeau. Je commençai par ramasser autant de diamants que je pus, les plus beaux; j'en remplis mes poches, ma ceinture, et jusqu'à la doublure de ma robe. Puis je déroulai mon précieux turban, m'attachai au plus gros quartier de viande et attendis.

Bientôt après, je me sentis enlevé dans les airs avec la rapidité de la flèche : un rokh, encore plus grand que le premier, m'emportait avec le quartier de mouton! En un instant, je fus déposé sur une aire gigantesque, encombrée de branchages et d'os rongés, où piaillaient trois ou quatre énormes oisillons. Le père s'apprêtait à déchiqueter la viande pour nourrir ses enfants, et vraisemblablement j'allais figurer au menu, quand un tintamarre épouvantable se fit entendre : c'était les chasseurs de diamants!

Effrayé, le rokh s'enfuit à tire-d'aile et se mit à tourner au-dessus de son nid. Je récupérai mon turban et m'éloignai en toute hâte, bondissant de roche en roche. Je tombai alors nez à nez avec un homme qui eut l'air effaré de me voir sortir d'un nid de rokh, ensanglanté et les vêtements déchirés. Voyant que je ne lui voulais pas de mal, il se pencha sur le quartier de viande qui avait dégringolé la pente et parut extrêmement déçu de ne pas y trouver les diamants escomptés. Furieux, il m'apostropha:

— Qui es-tu? Et de quel droit viens-tu me voler mon bien?

— N'aie pas peur, répondis-je, je ne suis qu'un voyageur et j'étais naguère un marchand comme toi. Mais j'ai connu bien des aventures et je te raconterai comment je suis arrivé dans le nid de cet oiseau. En attendant, accepte ces quelques diamants que j'ai ramassés au fond du ravin, pour te prouver que je ne suis pas un voleur!

À la vue des pierres que j'avais tirées de ma ceinture, le propriétaire du quartier de mouton ouvrit des yeux démesurés.

— De ma vie je n'aurais pu espérer un gain aussi énorme! s'écria-t-il, la bénédiction soit sur toi! Je suis riche pour tout le restant de mes jours!

Il appela les autres chercheurs de diamants à qui je racontai mon histoire. Ils me donnèrent à boire et à manger en quantité, puis m'emmenèrent avec eux. Après un court voyage en bateau, nous arrivâmes à une île verdoyante; ses arbres gigantesques auraient pu chacun ombrager une centaine d'hommes. C'est de ces arbres que l'on tire le camphre; en faisant une incision dans l'écorce, on recueille la sève odorante qui s'en écoule.

Dans cette île, on trouve aussi le terrible animal appelé «carcadane», qui possède au bout du museau une grande corne et dont le corps est plus grand que celui d'un chameau. Il se sert de cette corne pour attaquer les éléphants, qu'il embroche et soulève de terre. Mais la graisse de l'éléphant mort lui coule souvent dans les yeux et le rend aveugle. Alors le terrible rokh descend du haut des airs et les enlève tous deux pour en nourrir ses petits. Ce sont là des choses bien étranges.

Je restai quelque temps dans l'île, puis j'embarquai sur un navire qui faisait escale. De rivage en rivage, de mer en mer, je parvins sans encombre à Bassorah, et de là, à la belle Bagdad.

J'y retrouvai toute ma famille, qui fêta mon retour. Je vendis les moins beaux de mes diamants et en retirai une somme considérable. Je fis profiter les pauvres de ma grande fortune, tout en vivant moi-même dans l'opulence.

Troisième voyage

Sachez, mes chers amis — mais Allah sait mieux que nous toutes choses — qu'au milieu des délices de la vie que je menais, je finis par perdre le souvenir des dangers que j'avais courus. Un jour, l'oisiveté me pesa et j'eus de nouveau la nostalgie des voyages. Et puis, je dois le dire, j'étais aussi attiré par l'aventure et le profit.

Je me munis donc de marchandises abondantes et me rendis à Bassorah. Là, je trouvai un navire flambant neuf, pourvu d'un équipage de choix, où avaient embarqué de riches marchands. Je fus le dernier à monter à bord. Avec la bénédiction d'Allah, la traversée se fit par bon vent sur une mer tranquille. Un jour, bien loin des pays musulmans, alors que nous avions fait d'excellentes affaires, nous vîmes soudain le capitaine se donner de grands coups sur le front, s'arracher la barbe, déchirer ses habits et se rouler à terre après avoir regardé l'horizon. Tous, nous lui demandâmes :

— Que se passe-t-il ?

— Il se passe, répondit le capitaine d'un ton lugubre, que les vents contraires nous ont détourné de notre route ! Et, pour notre malheur, nous voici en vue de l'île des Singes ! Nous sommes perdus sans recours !

Aussitôt, le vaisseau fut assailli par une armée de

petits singes velus qui arrivaient à la nage. En quelques bonds, ils eurent envahi le bateau, s'emparant de tout ce qui traînait. Et il en venait de partout en si grand nombre qu'il était impossible de leur résister. Ils étaient tout noirs, avec des yeux jaunes dans des faces sombres; ils claquaient sans arrêt des mâchoires en grimaçant et faisaient des discours jacassants, auxquels nous ne comprenions rien. En un instant, ils se rendirent maîtres du bord; ils grimpèrent aux mâts, déplièrent les voiles, coupèrent les cordages des ancres avec leurs dents. Poussé par le vent, le navire échoua. Aussitôt, les petits singes nous débarquèrent sur la plage, remontèrent à bord et poussèrent le navire à la mer. Puis ils disparurent à l'horizon!

Accablés, nous restâmes un long moment à regarder la mer vide. Mais il fallut bien nous résigner à quitter le rivage, et nous nous dirigeâmes vers l'intérieur des terres. Les fruits des arbres et l'eau fraîche d'un ruisseau nous permirent de nous restaurer, ce qui retardait d'autant une mort qui paraissait certaine. Alors quelques-uns d'entre nous aperçurent entre les arbres ce qui ressemblait à un immense édifice. En nous approchant, pleins d'espoir, nous vîmes que c'était un palais, très ancien et très délabré, de forme carrée, entouré de solides remparts et fermé par une grande porte de bois d'ébène. Cette entrée n'étant pas gardée, notre troupe en franchit le seuil et pénétra dans une immense salle. Chose étrange, il n'y avait là aucun meuble, mais de nombreux ustensiles de cuisine, marmites, pots, couteaux, hachoirs et, surtout, d'immenses broches avec lesquelles on aurait fait rôtir un bœuf tout entier. L'odeur qui régnait était épouvantable, car le sol était jonché d'ossements, les uns vieux et blanchis, les autres encore frais et gardant des restes de chair.

Très inquiets, nous nous disposions à quitter les lieux, lorsqu'il se fit un bruit assourdissant. Nous vîmes alors descendre du plafond un géant à l'aspect abominable, tout noir, plus haut qu'un palmier; ses yeux rouges luisaient comme des charbons ardents, et de sa bouche béante dépassaient deux défenses pointues comme celles d'un sanglier; sa lèvre inférieure pendait sur son menton, et ses oreilles immenses d'éléphant s'agitaient sans cesse.

La stupéfaction et l'effroi nous empêchèrent de faire le moindre geste. Le géant ne parut nullement s'étonner de notre présence; il se contenta de fermer la porte et de s'asseoir sur un banc pour nous examiner en silence. Puis il se leva, se dirigea droit vers moi, me saisit dans ses mains griffues et se mit à me palper le corps comme l'on fait à un poulet. Toutefois, il ne dut pas me trouver à sa convenance, amaigri comme je l'étais par les privations et les tourments, et il me rejeta d'un air dédaigneux pour saisir un autre de mes compagnons. L'examen ne fut pas favorable non plus. Il nous tâta ainsi les uns après les autres et son

choix tomba finalement sur le capitaine, un homme gras et joufflu à souhait. L'ogre le jeta à terre, posa son pied sur lui et, d'un seul geste, lui tordit le cou! Après quoi, il saisit une des énormes broches qui traînaient par terre et lui passa la tige à travers le corps. Il alluma le feu et fit tourner la broche au-dessus. Muets de terreur, nous vîmes rôtir notre capitaine.

Quand celui-ci fut à point, l'ogre le dévora jusqu'aux os, dont il suça la moelle. Puis il jeta les restes par terre et, pour digérer, s'endormit en ronflant comme un buffle.

Nous songeâmes alors à le rendre inoffensif pour toujours car, l'île étant déserte, nous n'avions aucune chance de lui échapper s'il nous poursuivait. Aussi, après nous être concertés à voix basse, plusieurs d'entre nous se saisirent de deux lourdes broches et s'approchèrent silencieusement du géant endormi. Alors, pesant de tout notre poids sur les tiges, nous lui crevâmes les yeux.

Hurlant de douleur, l'ogre battit l'air à grands gestes autour de lui, cherchant à nous saisir. Mais nous nous étions jetés à plat ventre, éparpillés de tous côtés; comme nous lui échappions sans cesse, le géant finit par se diriger à tâtons vers la porte, et sortit en poussant des gémissements affreux. Certains qu'il mourrait de ses blessures, nous descendîmes vers le rivage. Là, réunissant du bois, nous construisîmes un grand radeau sur lequel nous embarquâmes. Mieux valait encore périr noyés que de risquer d'être exterminés par les congénères de l'ogre. Et nous fîmes bien : nous commencions à peine à ramer de toutes nos forces que nous vîmes le géant accourir, guidé par une femelle de son espèce, encore plus horrible que lui s'il était possible. Notre fuite les mit dans un état de rage indescriptible; sur les indications de la femelle, ils ramassèrent d'énormes rochers qu'ils lancèrent dans notre direction. Ceux de l'ogre tombèrent au hasard, mais la femelle, avec une terrible précision, parvint à tuer ou à précipiter dans la mer presque tous mes compagnons. Quand nous fûmes enfin hors de portée, nous n'étions plus que trois!

Deux jours plus tard, les vents et les courants nous firent échouer sur une autre île. Nous y trouvâmes des fruits et de l'eau. Comme la nuit approchait, nous grimpâmes prudemment dans un arbre pour y prendre quelque repos.

Je commençais à m'assoupir lorsque j'entendis un bruit de branches remuées au-dessous de nous, puis une sorte de sifflement qui me fit dresser les cheveux sur la tête. J'écarquillai les yeux et vis un énorme serpent enroulé autour du tronc d'arbre! À la lueur de ses yeux flamboyants, je distinguai une gueule énorme qui s'ouvrait sur notre compagnon installé un peu plus bas que nous. Nous n'eûmes pas le temps de le réveiller, le serpent l'avait déjà englouti aux trois quarts. Alors, d'un mouvement de mâchoire, il l'avala tout entier et nous entendîmes craquer dans son ventre les os du malheureux! La créature s'éloigna, nous laissant figés d'horreur.

Le lendemain matin, nous étions résolus à nous jeter tous deux à la mer si aucune autre issue ne s'offrait à nous. Aussi, avant d'en arriver à cette dernière extrémité, nous voulûmes explorer l'île. Mais nous ne trouvâmes que des fruits pour apaiser notre faim et un arbre gigantesque pour passer la nuit en sécurité. Mais, au crépuscule, à peine y étions-nous installés que le serpent apparut dans un grand bruissement de feuillage. Mon compagnon, blotti au-dessous de moi, fut assailli, dévoré et dégluti en un instant.

L'épouvante me tint éveillé toute la nuit; au matin, après de longues heures passées à ruminer les plus sombres pensées, je trouvai enfin le moyen d'éviter le sort de mes compagnons. Je descendis prudemment de l'arbre et me dirigeai vers le rivage. Là, j'aperçus ce que je cherchais : l'épave d'un bateau qui avait dû s'échouer il y avait bien longtemps.

Avec le bois et les cordes que j'en tirai, j'attachai une planche sous mes pieds, une autre planche sur mon côté droit, une troisième sur mon côté gauche, et une quatrième sur mon dos. Enfin, je ramenai une dernière planche plus longue que les autres, contre mon ventre et ma tête. Ainsi enfermé dans cette forteresse, j'attendis les événements en priant le ciel.

Au crépuscule, le serpent revint et rampa aussitôt sur moi. Par les interstices des planches, je voyais s'ouvrir et se fermer son épouvantable gueule armée de crochets venimeux, et sa queue fouettant le sable de la plage.

Mais rien n'y fit : il passa toute la nuit à me tourner autour et à mordre le bois. Au matin, furieux et dépité, il se lassa et s'éloigna. Je me dégageai alors du coffre qui m'avait sauvé la vie et remerciai le ciel.

Quelques instants plus tard, alors que je délassais mes membres engourdis, j'aperçus à l'horizon un navire qui filait toutes voiles dehors ! Comme un fou, je déroulai aussitôt mon turban, le nouai au bout de la plus grande planche et le fit tournoyer au-dessus de ma tête en poussant de grands cris. Et, bientôt, je vis le bateau virer de bord et mettre un canot à la mer. Je fus recueilli et montai à bord.

Après quelques jours de navigation heureuse, le navire parvint à une île nommée Salahata, où les marchands débarquèrent pour faire du commerce. Le capitaine me prit à part et me dit :

— Tu es un homme pauvre, un naufragé, et le récit de tes aventures nous a beaucoup émus. Aussi je veux faire quelque chose pour toi. Il y a quelques années, nous avions à bord un marchand de Bagdad. Il a disparu un jour sans que nous sachions ce qu'il est devenu, et ses marchandises sont toujours dans la cale. Va les vendre sur l'île : tu prendras un pourcentage, et je rapporterai le reste du gain à sa famille. Ainsi tu disposeras de quelque argent pour recommencer ta vie.

Je remerciai vivement le capitaine. On fit alors l'inventaire des ballots et, pour qu'ils soient inscrits à mon nom, le capitaine me demanda comment je m'appelais.

— Sindbad le Marin, répondis-je.

— Sindbad le Marin ? s'écria le capitaine, mais les

marchandises appartenaient justement à Sindbad le Marin! Et je te reconnais, à présent! C'est toi qui avais disparu!

En effet, c'était ce même navire où je m'étais embarqué lors de mon second voyage et qui était reparti alors que je dormais dans l'île! Tandis que je relatai mes aventures, l'un des marchands, levant les mains au ciel, s'écria:

— Mais oui! C'est lui! Par Allah! Vous tous, vous ne m'avez pas cru quand je vous ai raconté qu'un homme avait été enlevé de la montagne de diamants par un rokh, cet oiseau fabuleux, et m'avait fait cadeau de pierres magnifiques. Eh bien, celui à qui je dois ma fortune actuelle, mon bienfaiteur, c'est lui, Sindbad le Marin!

Après ces retrouvailles, je vendis mes marchandises avec un énorme bénéfice et nous poursuivîmes notre voyage dans les pays du Sind.

C'est là que je vis, entres autre choses étonnantes, un oiseau qui ne se pose jamais et dont les petits vivent à la surface de la mer, et un singulier poisson qui ressemble à une vache, que l'on appelle le dugong.

Nous atteignîmes enfin Bassorah, où je ne restai que quelques jours tant j'avais hâte de rentrer à Bagdad. Là, je revis tous mes proches avec émotion et dépensai largement, car je m'étais encore enrichi.

Quatrième voyage

Cependant, ni mes richesses ni les plaisirs de Bagdad ne purent me détourner de l'attrait des voyages. En même temps, j'avais entièrement oublié les périls que j'avais affrontés.

Aussi, un jour, je laissai ma famille et ma maison. J'achetai des marchandises, plus précieuses et en plus grande quantité que lors de mes précédents voyages, et embarquai sur un superbe vaisseau en compagnie de marchands renommés. Une nouvelle fois, Bassorah s'effaça à l'horizon.

Le voyage fut d'abord plein d'agrément, consacré au commerce, d'escale en escale et de mer en mer. Et puis un matin, une épouvantable tempête se leva brusquement, déchaînant les eaux, fracassant le navire. Nous fûmes tous jetés à la mer; seuls quelques marchands et moi-même échappèrent à la noyade grâce à une poutre à laquelle nous restâmes agrippés. Ballottés au gré des vagues et des vents, nous échouâmes sur le rivage d'une île. Exténués, nous y restâmes étendus toute une nuit et un jour. Le lendemain, reposés, nous partîmes explorer l'intérieur des terres. Et, à notre grande joie, nous aperçûmes une sorte de grande construction vers laquelle nous dirigeâmes nos pas.

À notre approche, des hommes noirs et nus vinrent vers nous en grand nombre et nous entourèrent. Sans un mot, ils nous firent pénétrer dans ce qui était le palais de leur roi. Sur un signe de ce dernier, on nous fit asseoir et on nous porta de grands plateaux chargés de mets inconnus. Leur aspect me dégoûta au point que je ne pus y toucher, et je fis bien, car cette répulsion me sauva la vie. Mes compagnons ne furent pas si difficiles; ils se jetèrent sur la nourriture, en proie à une faim qui les tenaillait depuis le naufrage.

Mais les quantités énormes de victuailles qu'ils avalaient ne semblaient pas les contenter; ils engloutissaient tout ce qu'on leur présentait, plateau après plateau, avec des soubresauts et des bruits de bêtes. Plusieurs hommes nus apportèrent alors un récipient plein d'une certaine pommade dont ils frottèrent le corps de mes compagnons. L'effet de cet onguent fut immédiat et spectaculaire : leur ventre se mit à enfler d'une manière prodigieuse, comme des outres. Et leur appétit augmenta d'autant!

Quant à moi, je refusai la pommade comme j'avais refusé la nourriture, et bien m'en prit : je compris en effet que nous étions aux mains d'anthropophages qui engraissaient ainsi leurs victimes. Tous les jours, on servait au roi un homme gavé de cette façon et rôti. Mais ses sujets, eux, préféraient la chair humaine toute crue!

Au bout de quelques jours, mes compagnons étaient devenus obèses et toute trace d'intelligence avait disparu de leurs regards. Ayant pris l'apparence

d'un troupeau d'animaux domestiques, un berger les rassemblait le matin et les menait paître dans les champs !

De mon côté, la faim et la peur m'avaient rendu tellement maigre que les indigènes me délaissèrent complètement, me jugeant sans doute impropre à la consommation, aussi bien en rôti qu'au naturel.

Ce manque de surveillance me permit de m'échapper et je m'éloignai de ce lieu d'épouvante. En chemin, je ramassai des herbes et des racines qui me permirent de calmer ma faim torturante. Au bout de huit jours environ de cette marche exténuante, j'arrivai de l'autre côté de l'île. J'aperçus des hommes habillés de blanc et blancs de visage, occupés à cueillir le poivre dans les champs de poivriers. Ils m'accueillirent et, s'adressant à moi dans ma langue, me demandèrent qui j'étais et d'où je venais. Mon récit les stupéfia et ils me félicitèrent d'avoir échappé aux mangeurs de chair humaine. Ils me donnèrent à manger, à boire, et me laissèrent prendre quelque repos à l'ombre des arbres. Puis ils me conduisirent auprès de leur roi qui habitait une île voisine.

La capitale était une ville prospère, très peuplée, avec de magnifiques souks et de riches marchands. Les rues étaient larges et bien tracées; on y voyait circuler de nombreux cavaliers luxueusement vêtus sur des chevaux splendides. Je fus déconcerté, cependant, de les voir monter sans selle ni étriers. Lorsque je fus présenté au roi, je ne pus m'empêcher de lui dire:

— O roi du temps! Pour quel motif ne se sert-on ici ni de selle ni de mors pour monter? C'est pourtant bien plus commode!

— Une selle? fit le roi. Que peut bien être une selle? Je n'ai jamais entendu parler de cela!

— Veux-tu que je t'en fabrique une? lui proposai-je, ainsi, tu pourras en vérifier toi-même les avantages!

— Certainement! me répondit-il, tu n'auras qu'à demander ce qu'il te faut à mon intendant!

Je me mis donc au travail. Je fis venir un habile menuisier, et lui expliquai comment il devait tailler le bois. Puis je garnis moi-même le bois de laine et de cuir rembourré, et décorai la selle de broderies d'or, de glands et de houppes de soie, enfin de clous d'argent. Je fis ensuite venir un forgeron qui façonna sous ma direction un mors et des étriers. Quand tout fut prêt, je choisis le plus beau cheval de l'écurie du roi et le harnachai de façon splendide, avec la selle, le mors, la bride et de plus une grande housse de soie brodée, garnie de glands et de franges. J'amenai le cheval ainsi caparaçonné devant le roi, qui attendait avec impatience. Il monta à cheval et se sentit si bien en selle qu'il voulut aussitôt me marquer son estime par toutes sortes de présents.

Ayant admiré ce harnachement, le grand vizir me demanda si j'aurais l'amabilité de lui en fournir un semblable, et après lui tous les dignitaires du royaume, et les émirs, et tous les grands voulurent aussi avoir leur selle. Pour me remercier, ils me comblèrent de cadeaux qui firent de moi un homme riche et honoré.

Le roi, dont j'étais devenu le familier, se mit en tête de me marier, pensant ainsi me décider à passer le restant de mes jours auprès de lui. Je ne pus le lui refuser; il me trouva donc une jeune fille très belle, très riche, de haute naissance, et m'installa dans un palais desservi par de nombreux domestiques et esclaves.

Je vécus dès lors dans le bonheur, car je m'entendais parfaitement avec mon épouse. Je me réjouissais d'avance à l'idée de retourner un jour avec elle vers ma bien-aimée Bagdad.

Un jour, la femme de mon voisin mourut. Comme nous étions amis, je me rendis auprès de lui et tâchai de le consoler avec d'aimables paroles :

— Ami, lui dis-je, la vie est longue ! Ne t'afflige pas ainsi, Allah te donnera une autre épouse encore plus bénie que celle que tu viens de perdre !

Mon voisin releva la tête et me regarda d'un air stupéfait :

— Comment peux-tu me souhaiter une longue vie alors qu'il ne me reste qu'une heure à vivre ?

— Nul ne connaît sa dernière heure ! répliquai-je, pourquoi parler de la sorte ? Tu es en bonne santé et rien ne te menace! Songerais-tu par hasard à te donner la mort?

— Ah! fit-il d'un air accablé, je comprends! Tu es étranger et tu ne connais pas nos usages! Sache qu'une loi inviolable veut que le mari soit enterré avec sa femme et la femme avec le mari! Et tout à l'heure, je serai enterré vivant! Nul ne peut se soustraire à cet usage, pas même le roi!

— Par Allah ! m'écriai-je, mais quelle horrible coutume !

J'étais glacé par cette révélation. Pendant cette conversation, des proches étaient venus exprimer leurs condoléances pour la mort de sa femme et pour la sienne. Après quoi, on procéda aux funérailles. Le corps de la femme fut orné de bijoux admirables et placé dans un cercueil avec des objets précieux, puis on se saisit de mon voisin qui n'opposa aucune résistance.

Je suivis le convoi comme tout le monde. On sortit de la ville et l'on parvint à une montagne proche de la mer. Là, les fossoyeurs soulevèrent le couvercle d'un grand.puits; on descendit par cette ouverture le cercueil contenant la morte, puis, au bout d'une longue corde, le veuf muni d'une cruche d'eau et de sept pains. On remonta la corde, on referma le puits, et le cortège s'en retourna.

Mon premier souci fut de me précipiter chez le roi à qui je demandai si cet usage barbare s'appliquait aussi aux étrangers.

— Certainement, me répondit-il, aux étrangers comme à tout le monde!

En proie à la plus vive inquiétude, je rentrai chez moi en courant, pour vérifier si ma femme n'était pas morte en mon absence! Il n'en était rien, fort heureusement, mais, pour me rassurer, je me disais:

«Allons, je mourrai certainement avant elle, et ainsi je n'aurai pas à être enterré vivant!»

Mais ces réflexions ne me furent d'aucune utilité: quelques jours plus tard, ma femme tomba malade et mourut bientôt après, malgré les soins dont je l'avais entourée nuit et jour.

Mon désespoir fut sans limite. Comme si ce n'était pas assez de perdre une femme que j'aimais, voilà qu'on allait m'enterrer avec elle! Je ne doutai plus de mon sort en voyant arriver chez moi le roi en personne qui, affligé, venait m'encourager dans mes derniers moments!

Il voulut même accompagner le convoi funèbre à mes côtés, jusqu'au puits où l'on allait m'ensevelir! J'essayai bien de faire valoir que, étant un étranger, je ne devais suivre que les coutumes de mon propre pays, où j'avais d'ailleurs déjà femme et enfants et où l'on m'attendait, mais en vain. J'eus beau crier, supplier, on me passa une corde sous les épaules et l'on me descendit, avec la cruche et les pains, dans le puits où m'avait précédé le cercueil de ma femme.

Quand je fus au fond, l'on me cria de détacher la

corde, mais comme je m'obstinais à tirer dessus pour être remonté, on jeta la corde dans le puits et le couvercle se referma sur mes sanglots.

À la lueur qui tombait d'en haut, j'inspectai les lieux. Il s'agissait d'une longue galerie qui se perdait dans l'obscurité totale. Elle était jonchée de cercueils et de cadavres plus ou moins anciens. Il y avait également un grand nombre de cruches vides.

Je fis un amer retour sur moi-même. «À quoi m'a réduit l'appétit des richesses ? me disais-je. C'est bien inutilement que j'ai réchappé à tant de périls, puisque me voici condamné à une mort atroce !» Et je me pris la tête dans les mains. Je restai ainsi plusieurs jours, dormant au milieu des squelettes et grignotant peu à peu mes provisions. Le moment arriva où il ne me resta plus qu'un croûton de pain et quelques gouttes d'eau dans la cruche. Je m'apprêtai alors à faire mes dernières prières et à fermer les yeux pour toujours quand j'entendis un grattement dans le noir. Effrayé, je saisis un os qui traînait à mes pieds et me redressai. Je crus distinguer quelque chose qui s'éloignait en soufflant. Décidé à savoir ce que c'était, je me mis à courir, trébuchant à chaque pas. Et soudain, j'entrevis au fond de la galerie comme une étoile qui scintillait. Au fur et à mesure que j'avançais, le cœur battant, cette lueur diffuse grandissait. «Ce doit être une seconde issue du puits par où l'on descend les morts et leur conjoint, me dis-je.» Mais je débouchai bel et bien sur une ouverture creusée sans doute par les animaux, et c'était l'un d'eux qui m'avait guidé. Je sortis en pleine lumière, clignant des yeux, et me retrouvai sur une petite plage entourée de hautes falaises. Il me parut impossible de regagner la ville, tant ces parois étaient escarpées. Aussi, pour ne pas mourir de faim, je rentrai dans la grotte pour aller chercher le peu de provisions qui me restait. En même temps, j'eus l'idée de ramasser les bijoux et autres objets précieux qui ne servaient plus à personne et j'en remplis plusieurs cruches. Je transportai le tout au-dehors et en formai plusieurs ballots enveloppés avec les étoffes que j'avais aussi récupérées dans la galerie.

J'étais resté deux jours sans manger ni boire, quand je vis passer à peu de distance un navire marchand. Je me levai d'un bond et poussai des cris en agitant mon turban. Quelques instants plus tard, j'étais à bord avec mes ballots, et je vis disparaître la côte à l'horizon.

Après une traversée tranquille, nous atteignîmes Bassorah, d'où je gagnai Bagdad, chargé de joyaux! Parents et amis m'accueillirent dans l'allégresse.

Cinquième voyage

À mon quatrième retour, la vie de plaisirs et de divertissements que je menai effaça bientôt de ma mémoire les tourments que j'avais endurés. Seuls comptaient pour moi les aventures et le profit que j'avais su en tirer. Aussi, vous ne serez pas étonnés si je décidai de parcourir à nouveau les extraordinaires pays des hommes.

J'achetai donc des marchandises que je savais faciles à revendre avec bénéfice; je les fis emballer, et je partis pour Bassorah. Là, sur la rade, je vis se balancer un superbe voilier qui était à vendre. J'en fis l'acquisition, engageai un capitaine expérimenté et un équipage de confiance. Plusieurs marchands se joignirent à nous moyennant un honnête prix de passage. Je pensais ainsi profiter pleinement de mon expérience de la mer.

Nous quittâmes Bassorah le cœur léger et nous lançâmes sur l'océan. Notre navigation fut favorisée par un temps clément et le commerce de ville en ville nous rapporta des gains immenses.

Un jour, nous abordâmes dans une île où mes compagnons débarquèrent sans moi car je dormais. À mon réveil, j'inspectai le rivage qui me parut désert, à l'exception d'un immense dôme blanc. Je reconnus un œuf de rokh. Mais mes compagnons, dans leur ignorance, étaient en train de le briser à coups de pierres! J'eus beau crier et m'agiter, ils ne me comprirent pas, car le navire était trop loin de la côte. De la coquille fendue sortit tout d'abord une grande quantité de liquide blanc, puis la patte du petit rokh. Les marchands, à mon grand désespoir, le tuèrent, le coupèrent en tranches et revinrent à bord. Consterné, je leur annonçai que nous étions tous perdus sans recours, car le père et la mère rokhs ne manqueraient pas de venir venger leur progéniture. Entretemps, sur mes ordres, le capitaine avait fait mettre toutes les voiles et le navire s'éloignait rapidement de la côte.

Cependant, les marchands insouciants faisaient rôtir l'oisillon. Ils n'avaient pas entamé leur première bouchée que la lumière du soleil fut brusquement voilée par deux gros nuages. C'était le père et la mère du rokh qui venaient sur nous pour venger leur petit, avec un vrombissement d'ailes et des cris de rage plus assourdissants qu'un ouragan! Et tous deux tenaient dans leurs serres un rocher plus grand que le navire!

Le capitaine, par une manœuvre experte, changea brusquement de cap, évitant de justesse le premier rocher qui tombait du haut des airs; le navire dansa dans des remous effrayants et faillit chavirer. Mais aussitôt après, le deuxième rokh lâcha son rocher avec tant de précision qu'il fracassa l'arrière du navire. Sous le choc, la plupart des matelots et des marchands furent écrasés ou noyés. Quant à moi, jeté à la mer, je refis surface au milieu des débris du naufrage et m'accrochai à une planche. J'errai longtemps au gré des vents et des courants. Apercevant enfin une terre, je m'en approchai en ramant des bras et des jambes. J'atteignis le rivage et m'y affalai, à bout de force.

Je dormis un jour et une nuit avant de pouvoir me relever. Je me mis en route et parcourus une île enchanteresse, aux sources vives et aux arbres chargés de fruits. Partout, des oiseaux au plumage éclatant jacassaient, partout des fleurs se balançaient sous la caresse du vent tiède. L'eau me parut la plus délicieuse du monde et les fruits les plus savoureux que j'eusse jamais goûtés.

Pourtant, le soir, je dormis mal. J'avais subi trop d'épreuves pour me fier entièrement à la beauté d'un paysage, et mon sommeil fut peuplé de cauchemars.

Le lendemain, poussant mon exploration, je découvris une rivière assez large mais peu profonde. Un vieillard vénérable, vêtu d'un manteau de feuilles, était assis sur la rive. Je m'approchai de lui, me disant : «Ou bien c'est un ermite, ou bien c'est un pauvre naufragé comme moi.» Mais il ne répondit pas à mon salut et me fit seulement de la main des signes qui voulaient dire : «Je te prie de me prendre sur tes épaules et de me faire traverser la rivière.» Je pensai alors que ce devait être un saint homme qui avait fait vœu de silence. «Allons, me dis-je, il ne t'en coûtera rien de rendre service à ce vieillard!» Et je le chargeai sur mes épaules en le tenant par les chevilles. Je n'eus aucune peine à traverser la rivière qui ne m'arrivait qu'au mollet. Parvenu de l'autre côté, je me baissai en disant :

— Te voici où tu le désirais, vénérable cheikh !

Et lui ne bougea pas, resserrant au contraire ses genoux autour de mon cou avec une force surprenante. En regardant ses jambes, je vis qu'elles étaient noires et velues et semblables à celles d'un buffle ! Pris de panique, je cherchai à me dégager, mais l'étreinte de ses cuisses était si forte que j'étouffai et tombai sans connaissance sur le sol !

Quand je rouvris les yeux, le vieil homme était toujours agrippé à mon cou : il avait simplement desserré les genoux pour me permettre de respirer. Me voyant réveillé, il me donna deux bons coups de talon dans l'estomac pour m'obliger à me relever. Et comme, à la moindre tentative que je faisais pour me débarrasser de lui, il me serrait le cou à m'étrangler, je dus lui obéir et en passer par toutes ses fantaisies, sans qu'il m'adressât jamais la parole. Chaque fois que je marchais trop vite à son gré ou que je m'arrêtais de moi-même, d'un coup de talon il me faisait repartir. La nuit, je devais m'étendre avec lui, ses genoux cramponnés à moi. Le matin, il me réveillait d'un coup de pied dans le ventre, toujours sans un mot, et tout recommençait.

Ces mauvais traitements durèrent des jours et des jours. Un après-midi, nous passâmes sous un calebas-

sier, dont les fruits tombés, en séchant, ressemblent à des gourdes. J'eus l'idée de ramasser une de ces calebasses pour m'en faire un récipient. Quelque temps après, nous découvrîmes une vigne sauvage magnifique, chargée de grappes. Pendant que le vieillard se gobergeait de raisins, j'exprimai dans ma gourde le jus d'une certaine quantité de grappes. Je la mis au soleil après l'avoir rebouchée, pour que le jus fermente et devienne du vin. Quelques jours plus tard, nous repassâmes au même endroit. Je débouchai ma gourde et j'eus la satisfaction de voir que le jus de raisin avait donné un excellent vin. J'en bus une grande rasade, ce qui me donna une nouvelle vigueur pour supporter la charge du vieillard sur mes épaules. Celui-ci, me voyant gambader plein d'entrain, m'arracha la gourde des mains et la vida d'une seule lampée. Puis il la jeta au loin. J'étais ulcéré et amer.

Mais bientôt, l'ivresse gagna le vieil homme; il se mit à danser sur mes épaules, à se trémousser et, peu à peu, l'étreinte de ses genoux se relâcha. Alors, je donnai un violent coup de reins en dégageant mon cou et j'envoyai rouler le vieillard à quelques pas de là, où il resta étourdi. Sans lui donner le temps de reprendre ses esprits, je ramassai une grosse pierre et lui en frappai la tête à plusieurs reprises, le laissant sans vie.

Et je me mis à courir, les épaules légères et le cœur joyeux.

J'arrivai, bondissant, sur le rivage et y trouvai des marins qui se ravitaillaient en eau et en fruits. Je leur racontai mon histoire, et l'un d'eux me dit:

— Quelle chance prodigieuse tu as eu d'échapper au Vieillard de la Mer! Tu es bien le premier, car il a toujours fini par étouffer ceux qu'il tenait entre ses jambes!

Le capitaine me reçut avec beaucoup de cordialité, et me donna des vêtements car les miens étaient en lambeaux. Puis nous embarquâmes à bord de son navire.

Quelque temps plus tard, nous fîmes escale dans une île dont la capitale s'appelait la Ville des Singes, en raison de la quantité prodigieuse de ces animaux qui vivaient alentour. Je descendis à terre avec l'un des marchands du bord. Il me donna un sac de toile et me dit :

— Prends ce sac, suis les habitants qui sortent de la ville et fais comme eux. Tu gagneras de quoi vivre, je t'assure !

Puis il me recommanda chaleureusement à ceux qui se réunissaient et s'apprêtaient à partir. Je suivis donc ces gens.

Notre groupe fit halte dans une petite vallée où chacun remplit son sac de cailloux. Intrigué, je les imitai. La troupe se remit en marche et s'arrêta dans une forêt dont les arbres, d'une hauteur extraordinaire, étaient peuplés de ces singes qui avaient donné son nom à la ville, mais aussi chargés de quantités considérables de gros fruits à l'écorce épaisse, que l'on appelait ici « cocos d'Inde ». Mes compagnons déposèrent leurs sacs et se mirent à lancer des cailloux sur les singes. Furieuses, les bêtes répliquèrent en nous bombardant avec ce qu'elles avaient sous la main, c'est-à-dire les noix de coco. Tout en évitant de recevoir sur la tête l'un ou l'autre de ces fruits durs et lourds, nous en remplissions nos sacs.

Après quoi, nous revînmes en ville où je n'eus aucun mal à vendre les noix de coco qui étaient très estimées. En quelques jours, je gagnai assez d'argent pour acheter des marchandises; je les revendis avec bénéfice pour en acheter d'autres, et ainsi de suite. Enfin, j'en eus une quantité assez grande pour quitter mes compagnons de rencontre et m'embarquer sur un navire qui partait pour la mer des Perles.

Comme j'avais emporté de nombreux sacs de noix de coco, j'échangeai ces fruits contre du poivre et de la cannelle. Je revendis ailleurs ces produits rares avec tant de bénéfice que je pus engager des pêcheurs de perles. Et j'eus une chance absolument prodigieuse: mes plongeurs ne cessaient de ramener des huîtres contenant des perles énormes. En peu de jours, je réalisai une fortune immense. En vendant quelques-uns de ces joyaux, j'achetai une grande quantité de bois d'aloès de la meilleure qualité, dont abondent ces pays sauvages; puis j'embarquai pour Bassorah où j'arrivai sans encombre, plus riche que je ne l'avais jamais été. De là, je regagnai ma maison de Bagdad où l'on fêta mon retour par des réjouissances.

Sixième voyage

Je vivais depuis longtemps dans le bonheur et la tranquillité. Un jour, prenant le frais devant ma porte, je vis passer l'équipage d'un navire qui revenait de pays lointains. Il n'en fallut pas plus pour réveiller en moi l'irrésistible attrait du voyage et du commerce. J'achetai sur-le-champ des marchandises de prix et je fis transporter mes ballots dans le port de Bassorah. Là, je trouvai un grand et beau navire en partance et j'embarquai, le cœur réjoui, en compagnie d'autres riches marchands.

Le voyage se passa sans encombre, de mer en mer, de ville en ville, consacré à un commerce fructueux. Un jour, alors que tout allait pour le mieux, nous vîmes le capitaine scruter l'horizon et soudain s'arracher la barbe et les cheveux, et piétiner son turban de désespoir! Nous autres, les marchands, nous l'entourâmes anxieusement en demandant:

— Qu'y a-t-il, capitaine?

— Nous sommes perdus! répondit-il. Nous nous sommes trompés de route, et nous avons atteint la mer des Tempêtes tournoyantes!

À ces mots, nous nous mîmes tous à nous lamenter, car il est dit dans les légendes que, de ces eaux redoutées, bien peu de gens sont revenus!

Et, peu de temps après, surgit un cyclone qui nous secoua, nous ballotta, enfin brisa notre gouvernail et notre mât. Et à ce moment se dressa devant nous une vague formidable qui précipita notre navire sur une montagne qui sortait de la mer!

Les uns périrent noyés, les autres réchappèrent. J'étais au nombre de ceux qui furent jetés au pied de la falaise. Cette côte était couverte d'épaves, de marchandises, de ballots et d'objets précieux de toutes sortes que la mer avait rejetés. Je marchai sur la grève au milieu de cet éparpillement de richesses et découvris une rivière. Mais, contrairement à toutes les rivières qui vont se jeter dans la mer, celle-ci jaillissait en cascade sur les rochers et allait s'engouffrer dans une caverne. Mais ce n'est pas tout : les bords de la rivière étaient jonchés de pierres précieuses, de rubis, d'émeraudes, de gemmes de toutes les couleurs, ainsi que de pépites d'or et d'argent. La rive étincelait de mille feux! Je remarquai aussi que les arbres environnants n'étaient autre que les deux espèces les plus prisées de bois d'aloès, l'aloès chinois et l'aloès comari. Il y avait aussi de nombreux blocs d'ambre gris que les poissons rejetaient; sous l'action des vagues et des courants, ils échouaient sur le rivage où il répandaient leur parfum.

Hélas, le spectacle de ces trésors ne rassasiaient que nos regards. Nous ne pouvions oublier que nous étions destinés à mourir de faim au milieu d'eux! Cependant, en fouillant parmi les épaves, nous trouvâmes quelques victuailles qui furent réparties entre nous. Mes compagnons imprudents ne purent résister à la faim qui les tenaillait et eurent bientôt mangé toute leur part en une ou deux fois. Alors, ils se mirent à mourir les uns après les autres. Et moi, comme j'avais su, par sagesse et par expérience, économiser mes provisions, je dus les enterrer jusqu'au dernier. Et je me lamentai dans ma solitude: «Que ne suis-je mort le premier! Mes compagnons m'auraient rendu les derniers devoirs, et enseveli dans la paix d'Allah!»

Je résolus donc de creuser ma propre fosse et, quand je me sentirais à la dernière extrémité, de m'y laisser tomber. Le vent se chargerait de me recouvrir de sable.

Pourtant, en allant boire à la rivière, il me vint une idée. «Si cette eau disparaît dans la montagne, me dis-je, il faut nécessairement qu'elle ressorte quelque part! Pourquoi ne pas en profiter? Il vaut mieux périr noyé que d'agoniser sur cette plage!»

Ragaillardi par cette pensée, je rassemblai de grands fagots de bois d'aloès et les liai par des cordes pour fabriquer un radeau un peu moins large que la rivière; j'y chargeai quelques gros sacs remplis d'objets précieux, d'ambre et de pierreries, enfin mes dernières provisions. Je mis mon embarcation à l'eau et sautai dessus. Le courant m'emporta rapidement dans les profondeurs de la galerie souterraine.

Mon radeau frotta d'abord durement contre les

parois, et je me cognai de nombreuses fois. Tantôt, me semblait-il, le lit de la rivière s'élargissait, tantôt il se resserrait. Mais je ne puis en dire grand-chose, car — par extraordinaire — je m'endormis, sans doute sous l'effet de l'épuisement et de l'obscurité totale.

Je ne sais combien de temps dura mon sommeil. À mon réveil, j'étais étendu sur une herbe épaisse, au milieu d'une campagne verdoyante; mon radeau était attaché à un arbre sur la rive et j'étais entouré de gens qui me parurent Indiens ou Abyssins. Je ne compris rien à leur langage. Finalement arriva un homme qui m'adressa la parole en arabe.

Avant toute chose, je lui demandai à manger, et il se hâta de m'apporter toutes sortes de victuailles. Quand je fus rassasié, je lui racontai mon aventure. Il leva les bras au ciel, au comble de l'étonnement, et m'expliqua à son tour que ses compagnons et lui-même, venus soigner leurs plantations, m'avaient aperçu endormi sur mon radeau; ils avaient arrêté et attaché l'embarcation. Après quoi, il avaient attendu mon réveil.

Ils trouvèrent mes aventures si admirables qu'ils voulurent aussitôt me conduire à leur roi; ils ne manquèrent pas d'emporter aussi mon radeau, et avec lui mes ballots de pierreries, d'objets précieux et d'ambre.

Le roi me reçut avec beaucoup d'affabilité et voulut connaître lui aussi mes aventures.

Ce souverain, qui régnait sur l'île de Serendib, fut émerveillé par mon récit. Et moi, pour lui montrer que j'avais malgré tout tiré quelque profit de ces épreuves, j'ouvris devant lui mes sacs et mes ballots. Il tomba en admiration devant les pierres précieuses; il se trouvait qu'il était grand connaisseur dans ce domaine. Aussi je lui fis cadeau de plusieurs gemmes des plus belles, ainsi que de plusieurs pépites et d'un énorme morceau d'ambre gris. Il fut très sensible à ce geste et nous devînmes les meilleurs amis du monde.

J'étais depuis un certain temps logé dans son palais et il se plaisait à s'entretenir avec moi. Un jour, il m'interrogea sur mon pays natal et sur le gouvernement de notre calife Haroun Al-Rachid, dont la renommée lui était parvenue. Je lui racontai alors tout ce que je savais sur la manière de gouverner de notre prince, sur ses qualités et ses mérites.

— Par Allah! me répondit le roi, tu confortes mon opinion, et je tiens le calife en grande estime et affection! J'aimerais nouer avec lui des relations d'amitié et sceller en même temps une bonne et solide alliance. Ne pourrais-tu te charger de lui transmettre mes offres en même temps qu'un cadeau digne de lui?

Mon cœur bondit de joie à cette proposition.

— Certes, ô notre maître, j'écoute et j'obéis! Je remettrai fidèlement tes présents et je suis sûr que notre calife s'en estimera comblé! Quant à conclure une alliance avec toi, il ne pourra que s'en réjouir!

Le roi donna des ordres, et bientôt on eut réuni les cadeaux destinés au calife Haroun al-Rachid. Il y avait un immense vase taillé dans un seul rubis, rempli de perles énormes, roses, blanches et noires, chacune grosse comme une noisette; un tapis fait de la peau d'un gigantesque serpent, qui avait la vertu de guérir quiconque s'étendait dessus, deux cents grains, gros comme des pistaches, du camphre le plus délicieux; enfin deux défenses d'éléphant splendides, de douze coudées de longueur chacune.

— Tu m'excuseras auprès du calife du peu que je lui envoie, me dit le roi, et tu lui diras toute mon estime et mon amitié.

— J'écoute et j'obéis! répondis-je.

— Toutefois, Sindbad, reprit le roi, si tu préfères rester dans mon royaume, j'enverrai quelqu'un d'autre.

Mais comme j'avais hâte de rentrer chez moi, je me chargeai très volontiers de l'ambassade.

Le roi me donna donc une lettre adressée à l'émir des croyants et je m'embarquai sur un navire en partance pour Bassorah. Le roi paya lui-même le prix de mon passage et me fit cadeau de choses précieuses que je possède toujours. Et, par la grâce d'Allah, je parvins à Bassorah, d'où je gagnai aussitôt Bagdad.

Et avant toutes choses, je me rendis au palais du calife et demandai audience. Alors je me prosternai devant l'émir des croyants; je lui présentai la lettre et les cadeaux du roi de Serendib. Le calife me posa beaucoup de questions sur ce souverain et fut satisfait de mes réponses.

— D'après sa lettre et ton témoignage, me dit le calife Haroun Al-Rachid, le roi de Serendib me paraît être aussi sage que généreux. Il me fit alors donner une robe d'honneur, me combla de présents, et voulut que mon récit fût consigné dans les archives par les scribes les plus habiles.

Je pus enfin me retirer et courus chez moi. Ma famille et mes amis m'accueillirent avec des larmes de joie. Désormais, je ne songeai plus qu'à jouir de ma fortune et des charmes de l'existence.

Septième voyage

Sachez donc, vous tous qui m'écoutez, que les voyages ne me tentaient plus. Toute idée m'en avait définitivement abandonné. J'étais devenu l'homme le plus riche et le plus éminent de Bagdad. Haroun Al-Rachid, notre calife, m'appelait souvent auprès de lui pour s'entretenir avec moi et apprendre de ma bouche toutes sortes de détails sur les pays lointains que j'avais visités.

Un jour, le calife me convoqua, comme à son habitude, et je me présentai devant lui.

— Sindbad, me dit-il, le moment est venu de porter ma réponse au roi de Serendib!

— Certainement, ô émir des croyants, répondis-je, je donnerai à ton émissaire toutes les indications nécessaires pour atteindre ce royaume.

— Inutile, répliqua le calife, toi seul connais ce roi et toi seul trouveras le chemin de son royaume. Apprête-toi donc à partir dès demain, car il serait malséant de tarder davantage à répondre à ses offres.

À ces mots, je fut atterré et désemparé, mais je parvins à contenir mes sentiments, par égard pour le calife. Et, bien que j'eusse fait vœu de ne plus quitter mon pays, j'embrassai la terre entre les mains du calife, en signe d'obéissance, et sortis le cœur gros. Peu après, le calife me fit porter dix mille dinars d'or pour mes frais. Ensuite, je reçus la lettre qu'Haroun

Al-Rachid envoyait au roi de Serendib, ainsi que les cadeaux qu'il lui destinait : un superbe lit de velours cramoisi qui valait une fortune, un autre d'une autre couleur et un troisième d'une troisième couleur; cent robes d'été de la soie la plus fine, brodées à Koufa et à Alexandrie, et cinquante robes de Bagdad. Il y avait encore bien d'autres choses, dont une paire de chevaux de la plus belle race d'Arabie.

Et moi, tout à fait contre mon gré, cette fois, je dus me rendre à Bassorah et prendre la mer à destination de Serendib. Le destin me favorisa d'une façon extraordinaire, et au bout de deux mois, jour pour jour, je touchai au port. Je me rendis aussitôt auprès du roi, lui présentai la lettre et les présents de l'émir des croyants.

En me revoyant, le roi de Serendib s'épanouit et me serra contre son cœur. Il se réjouit beaucoup du succès de l'ambassade et de la splendeur des présents. Il aurait voulu me retenir auprès de lui pour un long séjour, mais mon cœur était désormais à Bagdad et je ne restai que le temps de me reposer des fatigues du voyage. Après quoi, comblé d'honneurs et d'amitiés, je repris la route de Bassorah.

Nous venions de quitter l'île de Sin, où les marchands du bord avaient réalisé des bénéfices importants, quand un violent orage éclata au-dessus de nous. Vite, nous tendîmes sur nos ballots des toiles de chanvre pour les protéger de la pluie qui tombait en cataracte. Le capitaine resserra sa robe autour de sa taille avec sa ceinture et grimpa en haut du mât pour scruter la mer. Puis il redescendit, hagard et tout pâle en se donnant de grands coups sur la tête. Pleins d'appréhension, nous allâmes vers lui.

— Faites vos adieux sur cette terre ! nous dit-il. Les courants et la tempête nous ont jetés aux confins du monde, en mer inconnue !

Le capitaine prit alors dans sa caisse un sac dont il tira un peu de poussière qui ressemblait à de la cendre. Il y jeta quelques gouttes d'eau et flaira le mélange. Puis il ouvrit un petit livre et en lut quelques passages en marmottant.

— Sachez, passagers, nous dit-il enfin d'un ton lugubre, que ce livre magique vient de confirmer mon opinion : nous sommes près de la terre qui renferme le tombeau du roi Salomon, fils de David ! Et c'est dans cette mer que se trouvent les plus effroyables des monstres marins !

Il n'avait pas achevé que le bateau se souleva et retomba sur les vagues avec un craquement sinistre, tandis qu'un rugissement abominable nous glaçait d'horreur ! Et voici que nous vîmes s'avancer sur nous un énorme serpent de mer, la gueule grande ouverte, suivi à courte distance par un autre encore plus gigantesque et par un troisième plus immense encore que les deux autres réunis ! Celui-ci dépassa les deux autres en soulevant des trombes d'eau et se rua sur le

navire. À l'instant même, je sautai à la mer, tandis que le monstre engloutissait le bâtiment aux trois quarts; les deux autres serpents se disputèrent ce qui restait, et tous trois disparurent dans les profondeurs, ne laissant qu'un bouillonnement d'écume.

Je pus m'accrocher à une planche qui avait volé dans ma direction; allongé dessus, je m'éloignai en ramant des bras et des jambes. J'abordai bientôt dans une île couverte d'arbres fruitiers, ce qui me permit de me restaurer. Puis j'explorai les lieux et découvris une grande rivière au courant impétueux, dont la rumeur portait au loin. À cette vue, je me rappelai comment j'avais échappé à la mort dans l'île aux pierreries.

Je réunis aussitôt des branchages et quelques troncs d'arbre abattus par le vent pour fabriquer un radeau. Ne trouvant pas de cordes pour lier mon embarcation, j'arrachai des lianes souples et résistantes qui poussaient sur les arbres. Mon radeau était énorme; j'y plaçai autant de fruits que je pus et poussai le tout à la rivière en m'écriant : «À la grâce de Dieu!»

À peine avais-je détaché l'amarre que je fus emporté à une vitesse effrayante. J'en eus le souffle coupé et tombai à la renverse sur les branchages. Bientôt, je fus affolé par le vacarme qui m'entourait; et je compris soudain avec horreur que ce grondement assourdissant était celui d'une cataracte vers laquelle me précipitait le torrent! Je recommandais mon âme à Dieu quand un lourd filet tomba sur moi et m'arrêta au bord du précipice. Alors, ceux qui l'avaient lancé de la berge me hissèrent avec mon radeau et me dégagèrent des mailles. Je restais là, frissonnant et anéanti, quand un noble vieillard rejoignit mes sauveteurs. Il me donna des vêtements, m'accompagna au hammam où je pris un bain, puis me conduisit chez lui. Là, je fut comblé de prévenances et des attentions les plus délicates. Après m'avoir servi un repas délectable, le vieil homme me laissa seul dans une chambre avec des esclaves à mes ordres.

Pendant trois jours, je vécus de la sorte. Le matin du quatrième jour, le vieillard entra dans ma chambre. Voyant que j'avais repris toutes mes forces, il s'assit et me dit :

— O notre hôte ! Ta venue nous a causé le plus grand plaisir ! Qu'Allah soit béni de nous avoir mis sur ta route ! Mais qui es-tu, et d'où viens-tu ?

— Je m'appelle Sindbad le Marin, répondis-je, et je lui racontai toutes mes aventures, sans omettre un détail. Il fut subjugué par mon récit et resta longtemps pensif, sans rien dire. Enfin, il s'écria :

— Quels prodiges ! Mais, pour le moment, le plus urgent serait de vendre tes marchandises afin de te procurer de quoi vivre !

Je fus déconcerté à l'extrême car, sauf les fruits que j'avais emportés, je ne possédais aucune marchandise d'aucune sorte ! Mais, pour ne pas perdre la face, je répondis d'un air qui ne m'engageait à rien:

— Peut-être as-tu raison, après tout!

Et nous partîmes vers le souk, tandis que je me demandais toujours de quoi il pouvait bien s'agir. Au milieu du souk où devait avoir lieu la vente à la criée, ma perplexité fut à son comble en voyant mon radeau, soigneusement tiré au sec, et environné de marchands qui poussaient des cris d'admiration:

— Quelle merveilleuse qualité de bois de santal! s'exclamait-on de tous côtés, jamais on n'en a vu de si beau et en si grande quantité!

Alors je compris que les branches et le bois sec dont j'avais fait mon radeau n'étaient autre que du précieux bois de santal; c'était ce que le vieillard avait appelé ma «marchandise»! Aussi je pris l'air digne et réservé de ceux qui ont à vendre un article de grande valeur.

La mise à prix fut de mille dinars, et les enchères montèrent jusqu'à dix mille! Mais je ne voulus pas vendre à ce prix. Alors mon protecteur me dit tout bas:

— Les affaires ne sont pas très bonnes en ce moment, aussi je te conseille d'accepter ce prix. Pour toi, je veux bien augmenter de cent dinars!

Et moi, je consentis par égard pour lui et pour toutes les bontés qu'il avait eues pour moi. Il fit donc transporter dans ses magasins le lot qu'il avait acquis et me versa dix mille et cent dinars. Après quoi, il fit dresser une table et nous dînâmes de fort bonne humeur. Au cours du repas, il me dit :

— Mon enfant, je voudrais t'adresser une demande que je souhaite fort te voir accepter !

— Mon oncle, répondis-je, après ce que je te dois, je t'accorde tout d'avance !

— Tu vois, reprit-il, que je suis fort vieux. Je n'ai pas de fils qui puisse hériter de mes biens après ma mort. Mais j'ai une fille, toute jeune et charmante, à qui reviendra ma fortune. J'aimerais que tu l'épouses, à condition que tu restes ici et que tu vives notre vie. Ainsi, c'est toi qui me remplaceras !

À ces mots, je baissai la tête en silence, car je pensais à mon retour.

— Accepte, mon fils, reprit le vieillard. Après ma mort, tu pourras rentrer dans ton pays et emmener ta femme avec toi. Tu ne resteras ici que le temps qu'il me reste à vivre.

Je finis par céder, et le vieil homme, au comble de la joie, fit venir à l'instant le cadi pour dresser le contrat de mariage, et convoqua les témoins.

Il y eut une noce fastueuse et un festin gigantesque. Et le vieillard me présenta sa fille, qui était d'un attrait et d'une beauté sans pareils. J'en devins amoureux dès que je la vis. Nous vécûmes dès lors très heureux tous les trois.

Mais comme rien n'est parfait, quelques mois plus tard mon beau-père trépassa dans la paix et la miséricorde d'Allah. Nous le pleurâmes beaucoup et lui fîmes de magnifiques funérailles.

J'entrai en possession de tous ses biens, et les marchands de la ville me nommèrent chef de leur corporation à sa place. J'eus ainsi tout loisir d'observer les habitants de la ville et leur façon de vivre. Et je m'aperçus un jour que, tous les ans, au printemps, les hommes se métamorphosaient : en quelques jours, il leur poussait des ailes aux épaules et ils s'envolaient, ne laissant dans la ville que les femmes et les enfants, qui n'avaient pas ce pouvoir. J'étais alors le gardien obligé de la cité.

Dépité d'être le seul homme du pays dépourvu d'ailes, je voulus connaître le secret de cette transformation. Mais j'eus beau interroger chacun, je ne pus obtenir de réponse. En désespoir de cause, j'allai trouver un homme à qui j'avais rendu quelques services et l'implorai :

— Je t'en prie, emmène-moi ne serait-ce qu'une fois, car j'ai le vif désir de voyager dans les airs après avoir tant navigué sur les mers.

Il finit par se laisser fléchir. Je le pris par la taille et, déployant ses ailes, il m'emporta à une hauteur vertigineuse. Là-haut, sous la voûte céleste, je fus pris d'une telle émotion que je m'écriai :

— Gloire à Allah au plus haut des cieux !

À ces mots, l'homme ailé poussa un cri effroyable et se laissa tomber à une telle vitesse que j'en eus le souffle coupé. Il atteignit le sommet d'une montagne et m'y abandonna en me jetant un regard démoniaque. Puis il s'envola.

Tandis que je restais seul et désemparé sur ces rochers déserts, je vis venir vers moi deux jeunes garçons tenant chacun une canne d'or. J'allai aussitôt à leur rencontre et, les saluant, je leur dis :

— O beaux jeunes gens, qui êtes-vous et que faites-vous ici ?

— Nous sommes des adorateurs du vrai Dieu ! me répondirent-ils.

Et l'un d'eux me tendit sa canne en m'indiquant la direction que je devais prendre. Puis ils me quittèrent et disparurent.

Je dévalais la montagne depuis un moment quand surgit devant moi un énorme serpent qui tenait un homme dans sa gueule. Celui-ci se débattait et me jetait des regards désespérés. Je brandis alors ma canne et en assenai un coup formidable sur la tête de la bête, qui resta inanimée. Celui que je venais de sauver se redressa; stupéfait, je reconnus en lui l'homme volant qui m'avait porté, puis jeté sur la montagne ! Mais je me gardai de montrer trop de rancune et m'écriai :

— Est-ce ainsi que l'on traite un ami ?

Lui me remercia d'abord de ce que j'avais fait pour lui et me répondit :

— Mais si je me suis laissé tomber de si haut, sache

que c'est à cause de tes invocations! Car aucun de nous ne peut supporter d'entendre prononcer le Nom!

— Pardonne-moi, repris-je, mais je ne pouvais le savoir! Et maintenant, si tu veux bien me reconduire chez moi, je te promets de ne plus invoquer le Nom!

Il accepta de me reprendre sur son dos et me déposa sur la terrasse de ma maison. Puis il rentra chez lui.

Je retrouvai mon épouse qui s'était inquiétée de mon absence et lui racontai mon aventure.

— Hélas oui! s'écria-t-elle, ces gens ne sont pas comme nous, ce sont les frères des démons!

— Mais, m'étonnai-je, comment donc ton père pouvait-il vivre avec eux?

— Il n'était pas né ici, me répondit-elle, et fréquentait le moins possible les gens du pays! Mais puisqu'il est mort, écoute mon conseil: vendons tout ce que nous possédons ici, et embarquons sur un navire pour aller vivre chez toi, à Bagdad!

Je suivis les sages recommandations de mon épouse et vendis peu à peu tous mes biens. Je réalisai ainsi une immense fortune en or. J'affrétai alors un navire et nous mîmes le cap sur Bassorah.

Après une excellente navigation, d'île en île et de mer en mer, nous arrivâmes à bon port. De là, après avoir remonté le fleuve, nous entrâmes dans Bagdad, ville de paix.

Je fus accueilli avec des larmes de joie par ma famille, car tout le monde me croyait mort depuis longtemps. Et l'on fit fête à mon épouse.

Je mis de l'ordre dans mes affaires, plaçai mes richesses en lieu sûr et jurai de ne plus quitter mon pays natal pour le restant de mes jours, vœu que j'ai respecté scrupuleusement.

Mais Allah seul est le plus savant, lui qui connaît l'avenir caché aux humains!

TABLE DES MATIÈRES